일상 영어회화

이동만 지음

신라출판사

머리말

이 책은 기초부터 영어회화를 손쉽게 배우려는 사람들을 위해서 다목적으로 엮어놓은 영어회화 책이다.

오늘날 세계 무대로 달리고 있는 우리에게는 누구나 영어회화의 필요성이 나날히 증대되고 있으므로 두말할 필요없이 구사능력이 있어야 되리라 본다.

우리나라도 이제 사회, 경제, 문화등 각분야에 걸쳐 선진국 대열에 서 있음은 우리모두가 잘아는 사실이다.

이 기초 생활영어는 영어를 전혀 모르는 사람으로부터 상당한 실력이 있는 사람까지 배울 수 있도록 생활회화 중심으로 엮어 보았다. 이 책의 내용은 기본 단어들을 중심으로하여 아주 간결한 문장으로 대화할 수 있도록 편집하였으므로 영어회화를 처음 배우려는 초보자는 물론 오랫동안 손을 놓고 있던 영어를 다시 시작하는 사람에게도 더 없이 필수적인 지침서가 되리라 확신하는 바이다.

지은이

Contents

3 여행에 관한 표현

여행과 교통

숙박과 식사

Contents

관광

❹ 일상생활에 관한 표현

시간과 날씨

운동

Contents

일상생활

1. 인사에 관한 표현

아침인사

Good morning. 굿모닝

A: Good morning, Mother.
굿모닝 마더

B: Good morning, Dick.
굿모닝 딕

A: No. I woke up many times.
노우 아이 워크 엎 메니 타임즈

B: That's too bad. Is Bill still sleeping?
대츠 투 뺃. 이즈 빌 스틸 슬립핑

A: Yes, he is still sleeping.
예스 히이즈 스틸 슬립핑

B: Wake him up. It's seven.
웨이크 힘업 이츠 쎄븐

안녕히 주무셨어요. (아침인사)

A: 어머니, 안녕히 주무셨어요.

B: 딕크야 잘잤니?

A: 아뇨, 몇 번이나 잠을 깼는걸요.

B: 그것 안됐구나. 빌은 아직도 자고 있니?

A: 네, 아직도 자고 있어요.

B: 빌을 깨워라, 7시다.

- **Good morning?** 안녕하세요? (아침인사)
- **mother :** 어머니
- **wake up :** 잠을 깨우다
- **bad :** 나쁜
- **seven :** 7, 일곱
- **still :** 아직
- **It is~ :** 그것은 ~이다.
- **many times :** 여러번
- **sleep :** 잠자다

✚ It's는 It is의 단축형

「~입니다」에 해당되는 영어는 is, am, are(과거형: was, were)의 형태가 있으며, 이들을 be동사라 한다.

be동사가 있는 문장을 의문문(묻는말)으로 할때는 be동사를 주어 앞에 두면 된다.

오후인사

Good afternoon. 굿애프터눈

1 **A:** Good afternoon, Tom.
굿애프터눈 탐

B: Good afternoon, Minho.
굿애프터눈 민호

A: Where are you going?
웨어 아 유 고잉

B: I'm going to the library.
아임 고잉 투 더 라이브러리

2 **A:** Good afternoon, Miss Lee.
굿 애프터눈 미스리

B: Hello, Mr. Kim.
헬로 미스터 김

A: How are you?
하우 아유

B: Very well, thanks, And you?
베리 웰 쌩쓰 앤드유

A: Just fine, thank you.
쟈스터 퐈인 쌩 큐

안녕하세요. (오후인사)

1 **A:** 안녕, 탐.

   B: 안녕, 민호.

   A: 어디에 가니?

   B: 도서관에 가는 길이야.

2 **A:** 안녕하세요. 미스리

   B: 안녕, 미스터김.

   A: 어떠십니까?

   B: 매우 좋아요. 당신은요?

   A: 좋아요. 감사합니다.

- **Good afternoon** 안녕하세요 (오후인사)
- **library :** 도서관
- **hello :** 여보, 여보세요, 어머 (부름말 또는 전화에서 쓰임)
- **thank you :** 감사합니다
- **very well :** 매우(아주) 좋은

✚ be동사 (am, are, is) + ~ing

「지금~하고 있다」는 동작이 진행되고 있는 상태를 나타내어 이를 진행형이라
한다. 진행형의 의문문은 be동사가 문장 첫 머리에 오면 된다.

저녁인사

Good night. 굿나잍

1 **A:** I must go now.
아이 머스트 고우 나우

B: Are you leaving already?
아유 리빙 올레디

A: Yes, Thanks for the interesting evening.
예스 쌩쓰 풔 더 인터레스팅 이브닝

B: You're welcome. Take care, and good night.
유어 웰컴 테잌 케어 앤드 굿나잍

A: Good night.
굿나잍

2 **A:** Thank you for a very enjoyable evening.
쌩큐 풔어 베리 인조이어블 이브닝

B: Don't mention it. Well, thank you for coming.
돈트 멘션 잍 웰 쌩큐 풔 커밍

A: Good night.
굿나잍

B: Good night.
굿나잍

안녕히 주무세요.

1 **A:** 이제 가야 겠어요.

   B: 벌써 가시게요?

   A: 예. 오늘밤은 즐거웠어요. 고마워요.

   B: 천만에요. 조심해서 잘가요.

   A: 안녕히 계세요(주무세요).

2 **A:** 즐거운 저녁 감사합니다.

   B: 천만에요. 방문해 주어 고맙습니다.

   A: 안녕히 주무세요.

   B: 안녕히 가세요.

- **must :** ~해야한다.
- **go :** 가다
- **now :** 이제, 지금
- **interesting :** 재미있는, 흥미있는
- **take care :** 조심하다
- **You're welcome :** 「천만에」는 상대방의 「감사하다」는 말에 대한 응답
- **Good evening :** 「안녕하세요」(저녁인사)
- **very :** 매우
- **enjoyable :** 즐거운
- **already :** 벌써

✚ Good night

   「잘자, 잘가」는 만났을 때는 쓰지않는다.

작별인사

Good bye. 굿바이

1

A: I'm calling to say goodbye.
아임 콜링 투세이 굿바이

B: When do you leave?
웬 두유 리브

A: I leave at six.
아이 리브 앹 씩스

B: Well, good bye. See you soon.
웰 굿바이 씨 유 순

A: Good bye, Mr Brown.
굿바이 미스터 브라운

2

A: I must say good bye now.
아이 머스트 세이 굿바이 나우

B: Well. See you tomorrow.
웰 씨 유 트머로우

A: Good bye.
굿바이

B: Good bye.
굿바이

안녕히 가세요. (작별인사)

1 **A:** 작별인사하려고 전화했습니다.

   B: 언제 떠나십니까?

   A: 6시에 갑니다.

   B: 그럼, 안녕히 가세요. 다음에 뵙죠.

   A: 안녕히 계세요. 브라운씨.

2 **A:** 이제 헤어져야 겠군요.

   B: 그럼, 내일 다시 만납시다.

   A: 안녕히 가세요.

   B: 안녕히 가세요.

- **call** : 부르다. 전화하다.
- **say** : 말하다.
- **goodbye** : 안녕히 가세요(계세요). [작별인사]
- **leave** : 떠나다.
- **at six** : 여섯시에
- **see** : 보다.
- **soon** : 곧

오랜만에 만났을 때

I haven't seen you for ages.
아이 해븐트 씬유 풔에이쥐스

1　**A:** I haven't seen you for a long time.
　　　아이 해븐트 씬유 풔어 롱 타임

　B: I've been very busy lately.
　　　아이브 빈 베리 비지 레이틀리

　A: Doing what?
　　　두잉 왙

　B: I've been typing lately.
　　　아이브 빈 타이핑 레이틀리

2　**A:** I haven't seen you for ages.
　　　아이 해븐트 씬유 풔에이쥐스

　B: Have you changed jobs?
　　　해브 유 체인쥐드 잡스

　A: No, I've been away on vacation.
　　　노우 아이브 빈 어웨이 온 베케이션

　B: Where did you go?
　　　웨어 딛 유 고우

　A: Busan.
　　　부산

오랫동안 뵙지 못했습니다.

1 **A:** 오랫동안 뵙지 못했습니다.

   B: 요즘 매우 바빴습니다.

   A: 무엇을 하느라고요?

   B: 요즘 타자를 쳤습니다.

2 **A:** 오랫동안 뵙지 못했습니다.

   B: 직장을 바꾸었습니까?

   A: 아니요. 휴가동안 놀러 갔었죠.

   B: 어디에 가셨습니까?

   A: 부산에요.

- **for** : ~동안
- **a long time** : 오랜시간
- **busy** : 바쁜
- **lately** : 최근, 요즘
- **do** : 하다
- **what** : 무엇을
- **type** : 타자(타이프라이터를 치다)
- **job** : 일, 직장
- **where** : 어디에
- **go** : 가다

감사의 인사

Thank you. 쌩큐

1 **A:** I really must be going now.
아이 리얼리 머스트 비 고잉 나우

B: Can't you stay a little longer?
캔트유 스테이 어리틀 롱거

A: I wish I could, but it's late.
아이 위시 아이쿠드 벝 이츠 레이트

B: I'm afraid not.
아임 어프레이드 낱

A: Thank you for your kindness.
쌩큐 풔 유어 카인드니스

B: Not at all.
낱앹올

2 **A:** I'd better be goning.
아이드 베터 비 고잉

B: So soon?
쏘우 순

A: Yes. I must be going now.
예스 아이 머스트비 고잉 나우

Thank you for a wonderful meal.
쌩큐 풔어 원더풀 밀

B: You're welcome.
유어 웰컴

감사합니다.

1 **A:** 이제 가야겠습니다.

   B: 좀더 계시죠.

   A: 저도 그러고 싶지만 너무 늦어서요.

   B: 유감이군요.

   A: 당신의 친절에 감사합니다.

   B: 천만에요.

2 **A:** 가야겠습니다.

   B: 그렇게 빨리요?

   A: 예, 지금 가야해요. 훌륭한 식사에 감사합니다.

   B: 별 말씀을요.

- **must :** ~해야 한다
- **now :** 지금
- **stay :** 머물다
- **a little longer :** 조금 더
- **meal :** 식사
- **be**동사 **+ afraid not :** (유감스럽지만) 그런 것 같지 않다
- **You're welcome :** 천만에요. 별말씀을요
- **wish :** 원하다
- **but :** 그러나
- **late :** 늦은
- **better :** 더 좋은
- **wonderful :** 훌륭한

조심스럽게 말을 건넬 때

Excuse me. 익스큐즈 미

1

A: Excuse me.
익스큐즈 미

May I help you?
메이 아이 헬프유

B: Yes, where's the wash-room?
예스 웨어즈 더 워시-룸

A: It's on the second floor.
이츠 온더 세컨드 플로

B: Thank you.
쌩큐

2

A: Excuse me.
익스큐즈 미

How much do you make a month?
하우 머치 두유 메이크 어 먼쓰

B: I make about $2000.
아이 메이크 어바운 투 싸우전드 달러즈

A: Pretty good.
프리티 굳

B: How much do you make?
하우머치 두유 메이크

A: About $1500.
어바운 원 싸우전드 파이브 헌드레드 달러즈

실례합니다.

1 **A:** 실례합니다. 도와드릴까요?

   B: 네, 화장실이 어딥니까?

   A: 2층에 있습니다.

   B: 감사합니다.

2 **A:** 실례지만, 한 달에 얼마나 버십니까?

   B: 2000불쯤 됩니다.

   A: 괜찮은데요.

   B: 당신은 얼마나 버십니까?

   A: 1500불정도 됩니다.

- **excuse** : 변명, 구실, 용서하다.
- **help** : 돕다
- **May I~?** : ~해도 좋습니까?
- **Where is~?** : ~이 어디 있습니까?
- **wash-room** : 화장실
- **on** : ~에, ~위에
- **second floor** : 2층
- **about** : 약
- **pretty** : 예쁜, 훌륭한, 꽤

용서를 구할 때

I'm sorry. 아임 쏘리

1 **A:** I'm sorry.
아임 쏘리

I can't find the book you lent me.
아이 캔트 퐈인드 더 북 유 렌트 미

B: Oh, that's all right.
오우 대츠 올 라잍

A: Let me buy you a new one.
렡미 바이 유어 뉴 원

B: No. Don't be silly. It's not important.
노우 돈트 비 씰리   이츠 낱 임포턴트

2 **A:** I've been waiting for you.
아이브빈 웨이팅 풔 유

B: I'm sorry to be late.
아임 쏘리 투비 레이트

A: That's quite all right.
대츠 콰이트올 라잍

미안합니다.

1 **A:** 미안합니다.

   당신이 제게 빌려준 책을 찾을 수가 없군요.

   B: 아, 괜찮아요.

   A: 새 것을 사 드릴께요.

   B: 아니오. 너무 걱정말아요. 그 책은 중요하지 않아요.

2 **A:** 오랫동안 기다리고 있었습니다.

   B: 늦어서 미안합니다.

   A: 괜찮습니다.

- **sorry :** 미안한
- **find :** 찾다
- **book :** 책
- **lent :** 빌리다
- **oh :** 아(감탄사)
- **right :** 올바른
- **buy :** 사다
- **new :** 새로운
- **silly :** 어리석은
- **important :** 중요한
- **wait :** 기다리다
- **late :** 늦은

✚ Can't, Don't

Can not, Do not의 단축형이다.

소개할 때

I introduce. 아이 인트러듀스

1 **A:** May I introduce Mr. Kim to you?
메이 아이 인트러듀스 미스터 킴 투유

Mr. Kim is my friend.
미스터 킴 이즈 마이 프렌드

B: I'm glad to meet you, Mr. Kim.
아임 글랟 투 미트유 미스터 킴

I'm Tom.
아임 톰

C: I'm happy to meet you. Tom.
아임 해피 투 미트유 탐

2 **A:** Mother, this is Tom, my classmate.
마더 디스이즈 탐 마이 클래스메이트

B: I'm glad to meet you.
아임 글랟투 미트유

C: How do you do. Tom?
하우 두유 두 탐

I'm glad you could come.
아임 글랟유 쿠드컴

소개합니다.

1 A: 미스터 김을 소개하겠습니다. 미스터 김은 나의 친구입니다.
  B: 뵙게 되어 기쁩니다. 미스터 김. 저는 탐입니다.
  C: 뵙게 되어 기쁩니다. 탐 씨.

2 A: 어머니, 같은 반인 탐입니다.
  B: 뵙게 되어 기쁘게 생각합니다.
  A: 처음 뵙겠어요. 탐 잘 왔어요.

- **introduce** : 소개하다.
- **my** : 나의
- **friend** : 친구
- **glad** : 기쁜, 즐거운
- **classmate** : 동급생
- **come** : 오다
- **meet** : 만나다
- **happy** : 행복한

처음 만났을 때

How do you do. 하우 두 유 두

A: How do you do?
하우 두 유 두

B: How do you do?
하우 두 유 두

A: How do you like here?
하우 두 유 라익 히어

B: I'd like here very much.
아이드 라익 히어 베리 머치

A: How's the weather today?
하우즈 더 웨더 투데이

B: It is fine.
잍이즈 퐈인

30

처음 뵙겠습니다

A: 처음 뵙겠습니다.

B: 처음 뵙겠습니다.

A: 이곳은 어떻습니까?

B: 이곳은 참 좋군요.

A: 오늘 날씨는 어떻습니까?

B: 좋습니다.

- **here :** 여기에
- **very much :** 매우
- **weather :** 날씨
- **today :** 오늘
- **fine :** 좋은

✚ 요일에 관한 단어

Sunday	: 일요일
Monday	: 월요일
Tuesday	: 화요일
Wednesday	: 수요일
Thursday	: 목요일
Friday	: 금요일
Saturday	: 토요일

국적을 물어볼 때

Are you an American? 아유 언 어메리컨

1 **A:** Are you an American?
아 유 언 어메리컨

B: Yes, I am
예스 아이앰

A: Is Mrs. Mary an American?
이즈 미세스메리 언어메리칸

B: No, she is not. She's an Englishman.
노우 쉬 이즈 낱　　쉬즈 언잉글리쉬맨

2 **A:** Are you Canadians?
아유 커네이디언즈

B: No, we're not.
노우 위어 낱

A: Are you Englishmen, then?
아유 잉글리쉬멘 덴

B: Yes, we are.
예스 위 아

A: Are they Frenchmen?
아 데이 프렌치멘

B: Yes, they are.
예스 데이아

당신은 미국인 입니까?

1 **A:** 당신은 미국인 입니까?

    B: 네, 그렇습니다.

    A: 메리 여사도 미국인 입니까?

    B: 아닙니다. 그녀는 영국인입니다.

2 **A:** 당신들은 캐나다인 입니까?

    B: 아닙니다.

    A: 그러면, 당신들은 영국인 입니까?

    B: 네, 그렇습니다.

    A: 그들은 프랑스인 입니까?

    B: 네, 맞습니다.

- **Are you ~ :** 당신은 ~ 입니까?
- **American :** 미국인
- **she :** 그녀는
- **we :** 우리는
- **then :** 그때, 그러면
- **Englishman :** 영국인
- **Canadian :** 캐나다인
- **they :** 그들은
- **Frenchman :** 프랑스인

감사의 인사를 받았을 때

Don't mention it. 돈트 멘션 잍

1 **A:** Thanks for helping me.
쌩스 풔 헬핑미

B: Don't mention it.
돈트 멘션잍

A: You're a good friend.
유어 어 굳 프렌드

B: I'm glad you feel that way.
아임 글랜유 퓔 댇 웨이

2 **A:** May I use your telephone?
메이 아이 유즈 유어 텔레폰

B: Sure. It's on the table.
슈어 이츠온 더 테이블

A: I'm sorry to be such a pest.
아임 쏘리 투 비 써치어 페스트

B: Don't mention it.
돈트 멘션 잍

천만에요.

1 A: 도와주셔서 감사합니다.

B: 천만에요.

A: 당신은 좋은 친구입니다.

B: 그렇게 생각해주니 기쁘군요.

2 A: 전화를 사용해도 되겠습니까?

B: 물론이지요. 테이블 위에 있습니다.

A: 귀찮게 해서 미안합니다.

B: 천만에요.

- **mention** : 말하다, 언급하다
- **may I~** : ~해도 좋습니까?
- **use** : 사용하다
- **telephone** : 전화기
- **sure** : 틀림없는, 확실한
- **such** : 그렇게
- **pest** : 해충, 성가신 사람

생일을 축하할 때

Happy birthday. 해피 버스데이

1 **A:** Father, this is Bill.
퐈더 디스 이즈 빌

B: How do you do? Happy birthday.
하우 두 유 두 　　　해피 버스데이

C: Thank you. Please enjoy yourself.
쌩-큐　　　플리즈 인조이 유어셀프

B: Thank you.
쌩-큐

2 **A:** Hello. May I speak to Tom?
헬로　메이 아이 스픽 투 탐

B: Yes, this is he.
예스 디스 이즈 히

A: This is Young-hi.
디스 이즈 영희

B: Oh. Young-hi. How are you?
오우　영희　　　하우 아 유

A: Yes. Tomorrow is my birthday.
예스　트머로우 이즈 마이 버스데이

Can you come for dinner?
캔 유 컴 풔 디너

B: Sure, I can. Happy birthday.
슈어 아이 캔 해피 버스데이

생일 축하드립니다.

1 **A:** 아버지, 이 애가 빌 이예요.

  B: 처음 뵙겠습니다. 생신 축하드립니다.

  C: 고맙다. 재미있게 지내라.

  B: 고맙습니다.

2 **A:** 여보세요. 탐 좀 부탁합니다.

  B: 예, 전데요.

  A: 나 영희야.

  B: 응 영희, 잘 있었니?

  A: 내일 내 생일이야. 저녁 식사하러 올 수 있니?

  B: 물론이지. 생일 축하해.

- **happy** : 행복한
- **father** : 아버지
- **youself** : 너 스스로
- **birthday** : 생일
- **enjoy** : 즐기다
- **dinner** : 저녁

2. 전화에 관한 표현

전화가 왔을 때

Telephone for you. 텔레폰 풔 유

1 **A:** Mr. Smith, Telephone for you.
미스터 스미스 텔레폰 풔유

B: Who is it?
후 이즈 잍

A: It's your friend.
이츠 유어 프렌드

B: All right, put him through.
올라잍　　풑 힘 쓰루

2 **A:** Miss Lee, Did anyone call?
미스 리　　디드 에니원 콜

B: Yes. your wife.
예스 유어 와이프

A: Regarding what?
리가딩 왙

B: She wants you to call her.
쉬 원츠유 투 콜 허

전화 왔습니다.

1 A: 스미스씨, 전화 왔습니다.

　B: 누구인가요?

　A: 친구분입니다.

　B: 좋아요, 연결해 주세요.

2 A: 미스 리, 전화 왔었나요?

　B: 예, 당신 부인 한테서요.

　A: 뭐라던가요?

　B: 전화 걸어 달라고 하던데요.

- **for :** ~에게, ~향하여
- **put :** 두다
- **through :** ~을 통하여
- **wife :** 아내
- **want :** 원하다
- **all right :** 좋다
- **him :** 그를
- **anyone :** 누군가
- **regard :** 간주하다
- **her :** 그녀를

✚ put에 관한 단어

put aside : 제쳐 두다
put off : 연기하다
put on : 입다, 차리다
put to use : 사용하다

잘못 걸린 전화를 받았을 때

You have the wrong number.
유 해브 더 롱 넘버

A: Hello?
헬로

B: Is Miss. Susan there?
이즈 미스 수잔 데어

A: No one here by that name.
노우 원 히어 바이 댙 네임

What number did you dial?
왙 넘버 딛유 다이얼

B: 567-3846
파이브씩스세븐 쓰리에잍포씩스

A: You have the wrong number.
유 해브 더 롱 넘버

B: I'm sorry.
아임 쏘리

A: That's all right.
대츠 올 라잍

전화를 잘못 거셨습니다.

A: 여보세요?

B: 미스 수잔 있습니까?

A: 그런 분 여기 없는데요. 몇 번을 돌리셨죠?

B: 567-3846

A: 전화를 잘못 거셨습니다.

B: 미안합니다.

A: 괜찮습니다.

- **that** : 그(저)것
- **name** : 이름, 성명
- **dial** : 다이얼

✚ 전화에 관한 단어

public telephone : 공중전화
telephone directory : 전화번호부
telephone number : 전화번호
extension : 구내선
long distance call : 장거리 전화
wrong number : 잘못 돌린 전화 번호
operator : 교환원
call up : 전화 걸다

전화를 잘못 걸었을 때

Hello!
헬로

1 **A:** Hello?
헬로

B: Hello, may I speak with Mr. Cho please?
헬로 메이아이 스픽 위드 미스터 조 플리즈

A: There is no one by that name here.
데어 이즈 노우 원 바이 댙 네임 히어

You must have got the wrong mumber.
유 머스트 해브 같 더 롱 넘버

B: I'm very sorry.
아임 베리 쏘리

2 **A:** Hello. is this 57-7711?
헬로 이즈디스 파이브쎄븐 쎄븐쎄븐원원

B: No, you must have got the wrong number.
노우 유 머스트 해브 같 더 롱 넘버

A: How number is this?
하우 넘버 이즈 디스

B: This is 58-7711.
디스 이즈 파이브에잍 쎄븐쎄븐원원

A: Oh, I am so sorry.
오우 아이 앰 쏘우 쏘리

여보세요!

1 **A:** 여보세요?

B: 여보세요, 조선생님 계십니까?

A: 그런 사람 없습니다.

전화를 잘못 거신 것 같습니다.

B: 죄송합니다.

2 **A:** 여보세요, 거기가 57-7711입니까?

B: 아닌데요. 전화를 잘못 거신 것 같습니다.

A: 번호가 어떻게 됩니까?

B: 여기는 58-7711입니다.

A: 아, 죄송합니다.

- **name** : 이름, 성명
- **no one by that name** : 그런(이름을 가진) 사람이 없다
- **I am very sorry** : 정말 미안합니다.
- **I am so sorry** : 정말 죄송합니다.

✚ **may I speak with** : '~와 말(통화)하고 싶다'와 같은 의미로 May I speak to가 있다.

전화번호 읽는 법

57-7711 : five seven, seven seven one one

전화를 걸었을 때

May I speak to Brown?
메이아이 스픽 투 브라운

1 **A:** Mr. Brown's office.
미스터 브라운스 오피스

B: Hello. May I speak to Brown?
헬로 메이 아이 스픽 투 브라운

A: He is having a meeting now.
히 이즈 해빙 어 미팅 나우

B: Yes, I see.
예스 아이 씨

2 **A:** May I speak to Mrs. Kang?
메이 아이 스픽 투 미세스 캉

B: She's not in right now.
쉬즈 낱 인 라잍 나우

A: Would you ask her to call
   Miss Park at 265-3801?
우드유 애슥허 투 콜   미스 팍 앹 투씩스화이브 쓰리에잍오원

B: Yes, Sure.
예스 슈어

브라운씨 좀 바꾸어 주세요

1 **A:** 브라운씨 사무실입니다.

   B: 여보세요, 브라운씨 좀 바꿔 주세요.

   A: 지금 회의중이신데요.

   B: 예, 알겠습니다.

2 **A:** 강 여사 좀 바꿔 주세요.

   B: 지금 자리에 안계십니다.

   A: 265-3801의 미스 박에게 전화하라고 전해 주시겠어요?

   B: 예, 알겠습니다.

- **speak** : 말하다
- **I see** : 알았습니다.
- **office** : 사무실

✚ I see : 전에 몰랐던 사실을 새로 들었을 때 쓰인다.

  I know : 전부터 이미 알고 있었던 일을 들었을 때 쓰인다.

  would : 「~할 수 있을 것이다」라는 미래의 일을 표현하기 위해 쓰이는 조동사
      로서 will의 과거형.

전화에 관한 여러가지 표현

There's the phone.
데어즈더 폰

Please answer the phone.
플리즈 앤서더 폰

I'll answer the phone.
아일앤서더 폰

Someone wants you on the phone.
썸원 원츠유 온더폰

Who's calling, please?
후즈 콜링, 플리즈

Who am I speaking to?
후앰아이 스피킹투

Is that you, Mr. kim?
이즈댙유 미스터 김

This is he. This is she.
디스이즈 히. 디스이즈 쉬

May I speak to Mr. Brown?
메이아이 스픽투 미스터 브라운

Yes, just hold on.
예스 저스트 홀드온

전화가 왔다.

전화 좀 받으세요.

내가 받겠습니다.

당신한테 온 전화요.

전화하신 분은 누구신가요?

전화 받으신 분은 누구신가요?

김 선생님이신가요?

바로 나요.

브라운씨 좀 바꿔 주세요

끊지 말아 주세요.

I'll put him/her on.
아일 풑힘/허온

I'm sorry, sir but he's not here right now.
아임쏘리,써 벝 히즈 낱히어 라잍나우

Is this anything urgent?
이즈디스에니씽 어전트

What is this concerning?
왙이즈디스 컨써닝

Would you like to leave a message?
우드유라잌투 리브어메시지

Thank you but I'll call again later.
쌩큐 벝아일 콜어게인레이터

Thank you but I'll hang up and call again.
쌩큐 벝아일 행엎앤콜어게인

Yes, please tell him that Mr. Brown called up and tell him to give me a call.
예스 플리즈 텔힘 댙미스터브라운 콜드엎앤드 텔힘투기브미어콜

I'll tell him the minute he comes in.
아일텔힘 더미니트 히컴즈인

I telephoned the police to come at once.
아이 텔레폰드 더폴리스 투컴앹 원스

Did he leave a forwarding phone number?
딛히리브어 풔워딩폰넘버

전화 바꿔 드리겠습니다.

미안합니다만 지금 여기 안계신데요.

급한 일입니까?

무슨 용건으로 전화하셨나요?

저한테 말씀 전하시겠습니까?

감사합니다만 다시 걸겠습니다.

감사합니다만 끊고 다시 걸겠습니다.

브라운 한테서 전화왔었다고 일러주시고
전화 부탁한다고 전해주세요.

들어오는 즉시 전하지요.

즉시 와달라고 경찰에 연락을 했다.

행선지의 전화번호는 남겨 놓았나요?

I believe I have your phone number.

아이빌리브아이해브유어 폰넘버

Let's talk over the phone.

레츠톡오버 더폰

Perhaps we can take care of it over the phone.

퍼햅스위캔 테익 케어엎잍오버 더폰

Did anybody call me up?

딛에니바디 콜미엎

I'll call him right back.

아일콜힘 라잍백

I recongnize your voice.

아이 레콩나이즈유어 보이스

Good to hear your voice.

굳투히어유어 보이스

I'm so happy just to hear your voice.

아임쏘해피 져슽투히어유어 보이스

With regard to the message you left, I agree to your plan an
suggestion.

윋 리가드투더메시지유레프트 아이어그리투유어플랜 앤드써제스쳔

I'd like to work out the details about the plan with you directly.

아이드라잌투웤아웉 더디테일즈어바웉더 플랜윋유 디렉틀리(다이렉틀리)

I'll see if he's in his office.

아일씨 잎히즈인히즈오피스

당신 전화번호가 나한테 있을 겁니다.

전화로 이야기 합시다.

전화로 해도 될 일이라고 보는데요.

나한테 온 전화 없었나?

바로 전화 해주지.

음성 알아 보겠습니다.

음성 들으니 반갑습니다.

음성 듣는 것만으로 기쁩니다.

남기신 메시지건에 대하여는 댁의 계획과 제안에 동의합니다.

계획에 대한 상세한 내용을 직접 만나서 교섭하고 싶습니다.

사무실에 계신가 알아보겠습니다.

Could you locate him, please?

쿠드유 로케이트힘 플리즈

Could you see if he's in?

쿠드유 씨 잎히즈인

Shall I locate him?

쉘아이 로케이트힘

Maybe he is around here.

메이비 히이즈어라운드히어

I'm sorry he can't come to the phone.

아임쏘리 히캔트컴 투 더폰

I'm sorry but I can't interrupt.

아임쏘리 벝아이캔트 인터럲트

May I give him a message later?

메이아이기브힘어 메시지 레이터

Thank you but I want to speak to him personally.

쌩큐 벝아이 원트투 스픽투힘 퍼스널리

Never mind my name.

네버마인드 마이네임

Where do you think I can reach him right now?

웨어두유 씽크아이캔리취힘 라잍나우

There isn't here by that name.

데어이즌트히어 바이댙네임

Could you speak up, please?

쿠드유스픽엎 플리즈

좀 찾아봐 주시겠습니까?

안에 계신가 좀 봐주시겠습니까?

제가 찾아 볼까요?

아마 이 근방에 있을 겁니다.

미안하지만 전화기까지 올수가 없습니다.

미안하지만 (말씀중이시라) 전화 받으라고 할 수 없군요.

나중에 제가 전해 드리도록 할까요?

감사합니다만 그분과 사적으로 통화하고 싶습니다.

이름은 묻지 말아주세요.

지금 당장 어디로 연락이 됩니까?

그런 사람 없습니다.

좀 크게 말씀해 주시겠어요?

Am I calling at a bad time?

앰아이 콜링 앨어뺃타임

This is Kim returning your call.

디스이즈 김 리터닝유어 콜

Who referred you to me?

후 리퍼드유 투미

Mr. Hamilton referred me to you.

미스트해밀턴 리퍼드미투유

Are you the same person I just talked to?

아유더 쎄임퍼슨 아이 저슽톡트투

It's urgent.

이츠어젼트

Could you transfer me to A section?

쿠드유 트랜스퍼미투 에이섹션

I'll get him on the phone.

아일 겥힘 온더폰

Give me a call when you have time.

기브미어콜 웬유해브타임

May I use your phone?

메이아이 유즈유어폰

Be my guest.

비마이게스트

When do you expect him back?

웬두유 익스펙트힘백

바쁘지 않으세요?

김인데요. 제가 없는 새 전화 하셨다기에

누가 당신보고 나한테 전화하라 하던가요?

해밀톤 씨가 당신한테 전화해 보라고 해서요.

조금 전에 전화 받으셨던 분인가요?

급한 일이라서.

A과로 돌려 주시겠습니까?

그가 전화받도록 하겠습니다.

시간 있을 때 전화 하십시오.

전화기를 좀 쓸까요?

쓰세요.

언제 돌아 올 것 같습니까?

He'll probably be home before seven.

히일 프러버블리비홈 비포 쎄븐

What do you want to see me about?

왙두유원트투 씨미어바우트

I'm calling to ask if I may visit you
at your house tomorrow afternoon.

아임콜링투 애스크잎아이메이 비지트유 앹유어하우스 트머로우애프터눈

Any time after five will be fine.

에니타임애프터 파이브윌비 파인

I'll be there at 5.

아일비데어앹 파이브

He's speaking on another line.

히즈스피킹온어나더라인

The line is crossed

더라인이즈 크라스트

The connection seems to be bad.

더컨넥션 씸즈투비밷

What number did you dial?

왙넘버 딛유다이얼

I dialed 2-9476.

아이 다이얼드 투–나인포어쌔븐씩스

You got a wrong number.

유같어 롱넘버

7시 전에 (집에) 올 것 같습니다.

무슨 일로 보시려는지요?

내일 오후 집에 찾아가 뵈도 좋을지
전화로 말씀 드려 보는 겁니다.

다섯시 이후는 아무 때나 좋습니다.

다섯시에 가겠습니다.

(다른)전화를 받고 있습니다.

혼선 돼 있습니다.

연결이 잘 안된 것 같습니다.

몇 번을 거셨나요?

2-9476이요.

잘못 거셨습니다.

Mr. Kim had a phone installed yesterday.

미스터 김 햄어 폰 인스톨드 예스터데이

I'll get Mr. Kim on the phone.

아일 겔 미스터김 온더폰

I can't hear you.

아이 캔트히어유

Speak a little louder, please.

스픽어리틀 라우더 플리즈

Every time I try to call you up, the line is busy

에브리타임아이 트라이투 콜유엎 더라인이즈비지

He's on the phone

히즈온더폰

He'll be finished soon.

히일비 피니쉬트순

Give me extension no. 3, please.

기브미 익스텐션 넘버쓰리 플리즈

The line is busy, sir.

더라인이즈 비지 써

I'll put you through to the manager.

아일 풑유쓰루투더매니져

I'm calling to ask if you'd like to have dinner with me Saturday evening.

아임콜링투 애슼잎유드라잌투해브디너위드미 쌔터데이이브닝

미스터 김이 어제 집에 전화를 놓았습니다.

미스터 김을 전화로 불러 내야겠다.

감이 멀군요.

좀 더 크게 말씀하세요.

걸 때마다 통화중이군요.

전화받고 있습니다.

곧 끝날겁니다.

구내 3번 부탁합니다.

통화중입니다.

지배인에게 연결해 드리겠습니다.

토요일 저녁 식사를 함께 했으면 하고 전화했습니다.

That sounds wonderful, Kim. I'd love to.

댈싸운즈원더풀 김 아이드러브투

Whom are you calling, please?

훔아유 콜링 플리즈

Where are you calling from?

웨어아유 콜링프럼

I'm calling from the airport.

아임 콜링프럼 디에어포트

I tried to contact you by phone from the airport, but I couldn't get a connection because your line was busy every time I tried.

아이트라읻투 컨택트유 바이폰 프럼디에어포트 벝아이 쿠든트 겥어컨넥션

비코즈유어라인 워즈비지 에브리타임 아이트라이드

Are you free today?

아유프리트데이

If you are, I'd like to eat out with you.

잎유아 아이드라잌투 잍아웉윋유

Only on condition that you're my guest.

온리 온컨디션 댙유어 마이게스트

There's your number, sir

데어즈유어넘버 써

좋습니다 김. 꼭 하고 싶습니다.

누구를 찾으십니까?

어디서 전화 하십니까?

공항에서 걸고 있습니다.

공항에서 여러번 전화를 걸었는데 걸때마다 통화 중이라서 연결이 안 되더군요.

오늘 시간이 있으신가요?

있으시다면 밖에서 식사를 하고 싶습니다.

내가 대접한다는 조건입니다.

전화 연결되었습니다(교환양).

What I'm calling about is this, I've just rung up to see how you've getting along.
왙아임 콜링어바우트이즈디스 아이브져스트 렁엎투씨 하우유브게팅얼롱

Busy as usual I suppose.
비지애즈유쥬얼아이 써포우즈

I just wanted to let you know something.
아이져스트원틷투 렡유 노우썸씽

I'm just calling to say hello to you.
아임져스트 콜링투 쎄이 헬로투유

I got your message all right.
아이같유어 메시지올라이트

I wonder if I can see you at noon, that is if you're not going to be busy.
아이원더잎아이캔씨유 앹눈 댙이즈잎유어낱고잉투비비지

I telephoned him congratulations.
아이텔레폰드힘 컹크래처레이션즈

I'd like to discuss a little business with you.
아이드라잌투 디스커스어리틀 비지니스위드유

I'll see if I can interrupt him.
아일씨 잎아이캔인터렆트힘

I talked you just before.
아이톡트유 져스트비포

전화건 용건은 다름이 아니라, 어떻게 지내시나 하고 그냥 전화했습니다.

여전히 바쁘시겠지요.

뭣좀 연락 사항이 있어서요.

인사차 전화 한 겁니다.

전갈은 잘 받았습니다.

열두시에 뵐수 있을는지요. 바쁘실 예정이 아니시면 말입니다.

전화로 축하인사를 했습니다.

사업상(업무상) 이야기하고 십습니다.

전화 받을 수 있는지 모겠습니다.

방금전에 저와 통화했는데요.

Shall I wake him up?
쉘아이웨이크힘엎

Don't bother to wake him up.
돈트바더투웨이크힘엎

Would you please set a time for another appointment?
우드유플리즈 쎝어타임 포어나더어포인트먼트

I was going to call and see when you'd be free.
아이워즈고잉투 콜앤드씨 웬유드비프리

How about dropping into my office, Say ten?
하우어바우트 드라핑인투 마이오피스 쎄이 텐

Mr. Brown called me the other day that you're coming here soon.
미스터브라운콜드미 디아더데이 댙유어커밍히어순

He told me to look you up during a stopover.
히톨드미 투룩유엎 듀링어 스탚오버

I'll talk to my wife and arrange a time to have you over.
아일 톡투 마이와이프앤드 어레인쥐어 타임투해브유오버

Where would you like to call?
웨어우드유 라익투콜

Hello! Can you give me some information?
헬로 캔유 기브미 썸인포메이션

I'd like to inquire about books.(cars)
아이드라익투 인콰이어어바우트북스(카즈)

깨울까요?

귀찮게 깨우지 마세요.

다른 약속시간 마련해 주실 수 있으세요?

언제 한가하실지 알아보기 위해 전화하려던 참이었습니다.

저의 사무실에 들르시는게 어떠신지, 10시 어때요?

일전에 브라운씨 한테서 전화 왔었습니다. 당신이 이쪽으로 곧 오실 거라고요.

기착하는 동안 댁을 찾아 뵈라고 하더군요.

집사람과 상의해서 모실 시간을 정하도록 하지요.

어디에 전화 하시려구요?

여보세요! 뭐좀 알아 봅시다.(알수 있을까요?)

책에 대해서 좀 물어 봅시다(차)

What would you like to know about?

왙우드유라잌투 노우어바우트

You're welcome to come here.

유어웰컴투 컴히어

Can I join the Y.M.C.A?

캔아이조인더 와이엠씨에이

I'd like to become a member.

아이드라잌투 비컴어멤버

Is there a membership fee or something?

이즈데어어멤버쉽 퓌 오어 썸씽

Can you explain the procedure?

캔유 잌스플레인 더프러씨져

I hope you remember me.

아이호프유 리멤버미

I'm delighted at your call.

아임 딜라이티드앹유어콜

I wonder if you could tell him that I called and that I'll see him at 4 0'clock as scheduled.

아이원더잎유쿠드텔힘 댙아이콜드앤드 댙아일씨힘앹포어어클럭 애즈스케쥴드

If he should have to call you back, is there some number you can be reached at?

잎히슈드해브투 콜유백 이즈데어썸넘버 유캔비리취드앹

무엇을 아시려구요?

이쪽으로 오시면 환영하겠습니다.

Y.M.C.A에 가입하려구요.(가입할 수 있을까요?)

회원이 되고 싶습니다.

회비같은 거 있습니까?

절차좀 알았으면 합니다.(알 수 있을까요?)

저를 기억하시겠지요.

전화해 주셔서 기쁩니다.

나한테서 전화 왔었다고 전화해주실 수 있을는지요. 그리고 예정대로 네시에 만나뵐 수 있는지도.

만일 그가 선생께 전화 할 경우 연락처라도?

Yes, I can be reached at the Chosun Hotel.

예스 아이캔비리취트앹 더조선호텔

And if my secretary answers the phone you can just give her the information.

앤드잎마이쎄크러터리앤써즈더폰 유캔져스트기브허 디인포메이션

Who wants me?

후원츠미

I'm sorry I've made mistake.

아임쏘리 아이브메이드미스테이크

When's a good day for us to get together?

웬즈어굳데이 포어스 투겥트게더

If it's allright with you,

잎이츠올라이트위드유

Well, let's say Cho-sun Hotel Restaurant at 12:30

웰 레츠쎄이 조선호텔 레스터롱앹투엘브써티

If that's not all right with Jack, I'll call you back.

잎대츠낱올라이트위드잭 아일콜유백

O.k, I'll be looking forward to seeing you.

오케이 아일비루킹포워드투씨잉유

He just stepped out.

히져스트스텦트아우트

How long will he be gone?

하우롱윌히비간

조선호텔로 하시면 됩니다(있겠다).

비서가 받으면 용건만 전해주세요.

누구한테서 왔지?

미안합니다 제 실수입니다.

모이는 날이 언제가 좋겠나?

당신이 좋다고 하면,

조선 호텔 레스토랑 12시 30분으로 하세.

만일 잭이 싫다면 다시 전화하지.

좋아 만날 것을 기대하네.

방금 나갔습니다.

그분은 얼마만에 돌아오시나요? / 얼마동안 출타하실건가요?

He didn't say, but it shouldn't be long.

히디든트쎄이 벝잍슈든트비롱

My wife has a cold but except for that we're all right.

마이와이프해즈어콜드 벝잌셒트퓌댙위어올라이트

Are you through with the phone?

아유쓰루윝더폰

As I can't speak fully by phone, I'll come and see you to talk it over in detail with you.

애즈아이캔트스픽풀리바이폰 아일컴앤드씨유투톡잍오버인디테일위드유 말씀은 없으셨지만 오래는 안 걸릴겁니다.

부인이 감기에 걸렸지만 그것외에는 다들 잘 있습니다.

전화 다 쓰셨습니까?

전화상으로는 충분이 이야기가 어려워 만나 뵙고 자세히 말씀드리겠습니다.

3. 여행에 관한 표현

항공 우편을 보낼 때

What are the contents?
왙 아 더 컨텐츠

1 **A:** I'd like to send this airmail.
아이드 라잌투 센드 디스 에어메일

B: What are the contents?
왙 아 더 컨텐츠

A: It's a printed matter.
이츠어 프린티드 매터

B: We'll have to weigh it and see.
위일 해브투 웨이 잍 앤드 씨

2 **A:** How much is an airmail letter to England?
하우 머치 이즈 언 에어메일 레터 투 잉글랜드

B: I'll have to check. Do you need anything else?
아일 해브투 첵 두 유 니드 에니씽엘스

A: Yes. I'd like a book of 30c stamps.
예스 아이드 라잌어 붘어브 써티센트 스탬스

B: Here you are.
히어 유 아

내용물이 무엇입니까?

1 A: 이것 좀 항공 우편으로 보내려고 합니다.

B: 내용물이 무엇입니까?

A: 인쇄물입니다.

B: 중량을 달아 보겠습니다.

2 A: 영국까지의 항공우편은 얼마입니까?

B: 알아보겠습니다. 다른거 뭐 필요하십니까?

A: 네, 30센트 우표책이 한권 필요한데요.

B: 여기 있습니다.

- **I'd like :** ∼하고 싶다
- **content :** 내용, 중량
- **send :** 보내다
- **air mail :** 항공 우편
- **printed matter :** 인쇄물
- **else :** 그밖의
- **stamp:** 우표
- **England :** 영국

✚ 우편에 관한 단어

post office clerk : 우체국 직원
regular mail : 보통 우편
express delivery : 속달
surface mail : (항공이 아닌)보통편, 선편
post card : 우편 엽서
letter : 편지
parcel : 소포

택시를 탔을 때

I take a taxi. 아이 테잌 어 택시

1

A: Take me to the Seoul Hotel.
테잌 미 투 더 서울 호텔

B: All right, Sir.
올라잍 써

A: How far is it from here?
하우 퐈 이즈 잍 프럼 히어

B: About Six miles.
어바웉 씩스 마일즈

2

A: Where to, Ma'am?
웨어 투 맴

B: Take me to the Chonro 5 ga.
테잌 미 투 더 종로 파이브가

A: O.K
오케이

B: How long will it take?
하우 롱 윌 잍 테잌

A: About 20 minutes.
어바웉 투웬티 미니츠

택시를 타다.

1 **A:** 서울 호텔까지 부탁합니다.

  B: 좋습니다.

  A: 여기서 거리가 얼마나 됩니까?

  B: 6마일 정도 됩니다.

2 **A:** 어디로 가십니까, 부인?

  B: 종로5가까지 부탁합니다.

  A: 알겠습니다.

  B: 얼마나 걸립니까?

  A: 약 20분 걸립니다.

- **far :** 멀리, 먼
- **sir :** 각하, 선생님
- **mile :** 마일(단위)
- **long :** 긴
- **about :** 약, 대강
- **minute :** 분

✚ all에 관한 숙어

at all : 전혀, 적어도
not ~ at all : 조금도 ~않다
all at once : 갑자기
all sorts of : 온갖 종류의
all the time : 그 동안 죽, 내내

교통수단에 대해 물어볼 때

I go by train. 아이 고우 바이 트레인

A: Where do you live, Mr. Johnson?
웨어 두유 리브 미스터 존슨

B: I live in Inchon.
아이 리브인 인천

A: Your office is in Seoul, right?
유어 오피스 이즈인 서울 라일

B: Yes, it is.
예스 잍 이즈

A: Do you drive to your office?
두 유 드라이브 투 유어 오피스

B: No, I go by train.
노우 아이 고우 바이 트레인

A: What time do you leave home?
왙 타임 두 유 리브 홈

B: A little before 7:30.
어 리틀 비풔 세븐 써티

전철로 갑니다.

A: 존슨씨, 당신은 어디에 살고 있습니까?

B: 인천에 살고 있습니다.

A: 사무실은 서울에 있죠, 그렇죠?

B: 예, 그렇습니다.

A: 사무실까지 자가용으로 가십니까?

B: 아니요, 전철로 갑니다.

A: 몇시에 집을 나섭니까?

B: 7시 30분 조금 전에 떠납니다.

- **live :** 살다
- **drive :** 운전하다
- **train :** 전철, 열차
- **I live in~ :** 나는 ~에 산다
- **by :** ~로 (수단)

✚ 열차에 관한 용어

railroad station : 역	one-way ticket : 편도차표
round-trip ticket : 왕복차표	first class : 1등(석)
second class : 2등(석)	special express : 특급
entrance : 입구	exit : 출구
platform : 플랫폼	passenger : 승객
seat : 좌석	waiting room : 대합실

✚ little에 관한 숙어

little by little : 조금씩, 서서히
little more than : ~이나 마찬가지
a little : 조금
a little while : 잠시

정류장을 물을 때

Where is bus stop? 웨어 이즈 버스 스탑

A : Where is the nearest bus stop?
웨어 이즈 더 니어리스트 버스 스탑

B : Turn right at the next corner.
턴 라잍 앹 더 넥스트 코너

A : Oh, Thank you.
오우 쌩-큐

B : You're welcome.
유 어 웰 컴

A : Can I take a Inchon bus there?
캔 아이 테잌어 인천 버스 데어

B : Yes.
예스

버스 정류장이 어디 있습니까?

A: 여기서 가장 가까운 버스정류장이 어디 있습니까?

B: 다음번 모퉁이에서 오른쪽으로 돌아가세요.

A: 아, 감사합니다.

B: 천만에요.

A: 거기서 인천가는 버스를 탈 수 있습니까?

B: 예.

- **nearest :** 가장 가까운
- **bus stop :** 버스 정류장
- **turn :** 돌다, 회전하다
- **right :** 오른쪽
- **next :** 다음의, 다음에
- **corner :** 모퉁이

✚ turn에 관한 숙어

turn aside : 옆으로 비끼다
turn away : ~을 내쫓다
turn on : (전기, TV를)켜다
turn to : ~쪽으로 향하다
by turns : 교대로
in turn : 차례로

비행기에서 좌석을 물을 때

Where is my seat?
웨어이즈 마이씨트

1 **A:** May I see your boarding pass, please?
메이 아이 씨 유어 보딩 패스 플리즈

B: Yes. Can you direct me to my seat, please?
예스 캔 유 디렉트 미 투 마이 씰 플리즈

A: 10A is on the right side.
텐에이 이즈 온 더 라잍 사이드

B: Thank you.
쌩―큐

2 **A:** Welcome aboard KAL.
웰컴 어보드 칼

B: Thank you. Where is my seat?
쌩―큐. 웨어이즈 마이씨트

A: Your seat is on an aisle.
유어 씰 이즈 온 언 아일

B: How can I call the flight attendant?
하우 캔아이 콜 더 플라잍 어텐던트

A: Push the call button.
푸시 더 콜 버턴

저의 좌석은 어디에 있습니까?

1 **A:** 탑승권을 좀 보여 주시겠어요?

   B: 예, 제 좌석을 가르쳐 주시겠습니까?

   A: 우측에 있는 10A입니다.

   B: 감사합니다.

2 **A:** 저희 KAL에 탑승하신 것을 환영합니다.

   B: 감사합니다. 제 좌석은 어디죠?

   A: 통로에 있습니다.

   B: 승무원은 어떻게 호출합니까?

   A: 콜 버튼을 누르세요.

- **seat** : 좌석
- **boarding pass** : 탑승권
- **direct** : ~에게 길을 가리키다
- **side** : 쪽, 측, ~편
- **welcome** : 환영하다
- **attendant** : 시중드는(사람)
- **push** : 누르다
- **button** : 단추, 버튼
※ **side by side** : 나란히

비행기 안에서

Is this your first flight?
이즈 디스 유어 퍼스트 플라잍

1 **A:** Is this your first flight?
이즈 디스 유어 퍼스트 플라잍

B: No. This is my fourth.
노우 디스이즈 마이 포쓰

A: Where are you going in the U.S?
웨어 아유 고잉 인 더 유에스

B: To Chicago.
투 시카고우

A: How long do you plan on staying?
하우 롱 두 유 플랜 온 스테잉

B: About three weeks.
어바웉 쓰리 윅스

2 **A:** Is this your first flight?
이즈 디스 유어 퍼스트 플라잍

B: Yes.
예스

A: Are you afraid to fly?
아 유 어프레읻 투 플라이

B: No, I am quite pleasant.
노우아이엠 콰이트 플레전트

이번이 처음 비행기 (여행)입니까?

1 **A:** 이번이 처음 비행기 (여행)입니까?

   B: 아니오, 네 번째입니다.

   A: 미국 어디로 가십니까?

   B: 시카고에 갑니다.

   A: 얼마동안 머무르실 계획인가요?

   B: 3주 정도입니다.

2 **A:** 이번이 처음 비행기 여행입니까?

   B: 예.

   A: 비행기 타는게 두려우세요?

   B: 아니요, 매우 즐겁습니다.

- **fourth** : 네 번째
- **How long~?** : 얼마나 오래~?
- **stay** : 머무르다
- **be afraid to** : ~을 두려워하다
- **fly** : 날다
- ※ **U.S.** 는 **United States**의 약어이다

방문 목적을 물을 때

Let me see your passport, please.
렐 미 씨 유어 패스포트 플리즈

A: Let me see your passport, please.
렐 미 씨 유어 패스포트 플리즈

B: Certainly. Here it is.
써튼리 히어 잍이즈

A: Thank you.
쌩_큐

How long will you be in U. S.?
하우 롱 윌 유 비 인 유 에스

B: For two weeks.
풔 투 윜스

A: What's the purpose of your trip?
와츠 더 퍼포스 엎유어 트립

B: It's sightseeing.
이츠 싸이트씨잉

A: All right.
올 라잍

You may proceed to the customs office.
유 메이 프로씯 투 더 카스텀즈 오피스

여권을 보여 주십시오.

A: 여권을 보여주십시오.

B: 여기있습니다.

A: 감사합니다. 미국에 얼마나 머물 예정입니까?

B: 2주간 머물 것입니다.

A: 여행의 목적은 무엇입니까?

B: 관광입니다.

A: 좋습니다. 세관으로 가셔도 좋습니다.

- **passport :** 여권
- **purpose :** 목적
- **proceed :** 나아가다, 전진하다
- **customs office :** 세관

✚ 항공 여행에 관한 단어

passport : 여권
passport control : 여권 심사
customs declaration : 관세(세관) 신고서
personal effects : 휴대품

✚ of에 관한 숙어

of all : 많이 있는 중에서
of course : 물론
of no use : 쓸모없는
of oneself : 저절로
of use : 쓸모있는

입국 심사

Do you have your customs declaration?
두 유 해브 유어 카스텀즈디클러레이션

1 **A:**How are you?
하우 아 유

B:Fine, How are you?
파인 하우 아 유

A: Do you have your customs declaration?
두 유 해브 유어 카스텀즈 디클러레이션

B:Yes, Here you are.
예스 히어 유 아

A: Are you a visitor or a resident?
아 유 어 비지터 오어 어 레지던트

B:I'm a visitor.
아임 어 비지터

2 **A:**Do you have your customs declaration?
두 유 해브 유어 카스텀즈 디클러레이션

B:May I give you an oral declaration?
메이 아이 기브 유 언 오럴 디클러레이션

A:Yes, what are you declaring?
예스 왈 아 유 디클레어링

B:Just a few gifts.
져스트 어 퓨 깁츠

세관 신고서를 보여 주시겠습니까?

1   A: 안녕하세요?

     B: 네, 안녕하세요.

     A: 세관 신고서를 보여주시겠습니까?

     B: 예, 여기 있습니다.

     A: 방문객이신가요, 거주자이신가요?

     B: 방문객입니다.

2   A: 세관 신고서를 보여주시겠습니까?

     B: 구두로 신고해도 됩니까?

     A: 예, 신고하시는게 무엇입니까?

     B: 약간의 선물 뿐입니다.

- **customs declaration** : 세관(관세)신고서
- **visitor** : 방문자
- **oral** : 구두의, 입의
- **declare** : (세관에) 신고하다
- **resident** : 거주자

✚ passport : 여권
   quarantine officer : 검역관
   quarantine : 검역소

여행객에게 말을 걸 때

Are you traveling? 아 유 트래블링

1 **A:** Good afternoon ma'am. Are you traveling in Korea?
굳 에프터눈 맴 아 유 트래블링 인 코리아

B: Yes, I am.
예스 아이 앰

A: How do you like this country?
하우 두 유 라잌 디스 칸츄리

B: I like this country very much.
아이 라잌 디스 칸츄리 베리 머치

The people is very kind and friendly.
더 피플 이즈 베리 카인드 앤드 프랜들리

2 **A:** Excuse me. Will you take my picture here, please?
익스큐스 미 윌 유 테잌 마이 픽쳐 히어 프리즈

B: I'd be happy to. Are you traveling alone?
아이드 비 해피 투   아 유 트래블링 얼론

A: Yes, I'm traveling by myself.
예스 아임 트래블링 바이 마이셀프

여행 중이십니까?

1 **A:** 안녕하세요. 부인, 한국여행을 하시는 중이세요?

   B: 예, 그렇습니다.

   A: 이 나라가 어떻습니까?

   B: 전 이 나라가 무척 마음에 듭니다. 사람들이 매우 친절하고 인정이 많아요.

2 **A:** 실례합니다. 여기서 사진 좀 찍어 주시겠어요?

   B: 기꺼이 찍어드리죠. 혼자 여행 중이십니까?

   A: 예, 저 혼자 여행 중입니다.

- **ma'am :** 마님, 부인
- **this country :** 이 나라
- **people :** 사람들
- **kind :** 친절한
- **friendly :** 정다운, 친절한
- **alone :** 홀로
- **myself :** 나 자신

비행기를 예약할 때

I'd like to make a reservation.
아이드 라익 투 메익어 레저베이션

A: I'd like to make a reservation to New York.
아이드 라익 투 메익어 레저베이션 투 뉴욕

B: When are you leaving?
웬 아 유 리빙

A: Next Tuesday. I want a night flight.
넥스트 튜즈데이 아이 원트어 나잍플라잍

B: United's Flight 101 leaves at 7 P.M.
유나이틴즈 플라잍 원제로원 리브즈앹 세븐 피.엠

A: What's the fare?
와츠 더 페어

B: $300 one way.
쓰리헌드레드달러즈 원웨이

　Do you want coach or first class?
두 유 원트 코치 오어 퍼스터 클래스

A: I'd like to travel first-class.
아이드 라익 투 트래블 퍼스트 클래스

B: All right.
올 라잍

예약하고 싶습니다.

A: 뉴욕행 항공편을 예약하려 합니다.

B: 언제 떠나실 예정이죠?

A: 다음주 화요일입니다. 저녁 비행기를 원합니다.

B: 유나이티드 101기가 오후 7시에 출발합니다.

A: 요금은 얼마죠?

B: 편도 요금이 300불입니다. 2등석을 원합니까, 1등석을 원합니까?

A: 1등석을 원합니다.

B: 좋습니다.

- **reservation** : 예약
- **leave** : 떠나다
- **flight** : 비행(기 여행)
- **fare** : 요금
- **one way** : 편도
- **coach** : 2등석, 보통 객차
- **first class** : 1등석

도착 시간을 물을 때

When will it arrive in New York?
웬 윌 잍 어라이브 인 뉴욕

1 **A:** How much is a round-trip ticket to New York?
하우 머치 이즈어 라운드 트립 티켙 투 뉴욕

B: 155 dollars.
원 헌드레드피프티파이브 달러즈

A: Does that include lunch?
더즈댈 인클루드 런치

B: Only if you're going first class.
오운리 잎유어 고잉 퍼스트클래스

2 **A:** When will it arrive in New York?
웬윌잍 어라이브 인 뉴욕

B: A little after six p.m.
어 리틀 애프트 씩스 피.엠

A: What's the weather like in New York now?
와츠 더 웨더 라잌 인 뉴욕 나우

B: I think it's very cold.
아이 씽크 이츠 베리 콜드

언제쯤 뉴욕에 도착합니까?

1 **A:** 뉴욕까지의 왕복표는 얼마입니까?

  B: 155달라입니다.

  A: 점심도 포함됩니까?

  B: 1등석에 한해서 포함됩니다.

2 **A:** 언제쯤 뉴욕에 도착합니까?

  B: 오후 6시 조금 넘어서 도착합니다.

  A: 지금 뉴욕의 날씨는 어떨까요?

  B: 매우 추울거라고 생각됩니다.

- **round trip ticket :** 왕복표
- **include :** 포함하다
- **only :** 단지, 오직
- **first class :** 1등석
- **arrive :** 도착하다
- **very cold :** 매우 추운

여행을 계획하고 있을 때

I'm planning to take a sightseeing trip.
아임 플래닝 투 테이어 사잍씨잉 트립

1 **A:** I'm planning to take a sightseeing trip.
아임 플래닝 투 테이어 사잍씨잉 트립

B: What are you interested in?
왈아 유 인터레스티드인

A: I'd like to see old temples.
아이드 라잌 투 씨 올드 템플즈

B: Have you ever been to Gyeongju?
해브유 에버 빈 투 경주

A: No. I've never been there.
노우 아이브 네버 빈 데어

B: Will you be here long?
윌 유 비 히어 롱

A: No, Only three days.
노우 오운리 쓰리데이즈

2 **A:** I'm planning to take a sightseeing trip.
아임 플래닝 투 테이어 사잍씨잉 트립

B: Where would you like to go?
웨어우드유 라잌 투 고우

A: Mt. Seolak.
마운틴 설악

B: Let me recommend tour agencies.
렡 미 레컴멘드 투어 에이전시즈

관광여행을 계획하고 있습니다.

1 **A:** 관광여행을 계획하고 있습니다.

　B: 어떤 것이 흥미가 있으십니까?

　A: 오래된 절을 보고 싶습니다.

　B: 경주에 가 본적이 있습니까?

　A: 없습니다.

　B: 여기 오래 계실 건가요?

　A: 단 3일입니다.

2 **A:** 관광여행을 계획하고 있습니다.

　B: 어디로 가고 싶으신데요?

　A: 설악산입니다.

　B: 여행사를 몇군데 추천해 드리죠.

- **sightseeing** : 관광, 유람
- **trip** : 여행
- **old temple** : 오래된 사찰
- **recommend** : 추천하다
- **tour** : 일주여행
- **agency** : 서비스를 제공하는 기관(회사, 사무소)

식사를 권유할 때

Let's have together
레 츠 해 브 트게더

A: Why don't you have dinner with me tonight?
와이 돈트유 해브디너 위드미 투나잍

B: I'd enjoy that.
아이드 인조이 댙

A: Where do you want to go?
웨어 두유 원트 투 고우

B: Then what about trying that new Chinese restaurant?
덴 왙어바웉 트라잉 댙 뉴 차이니즈 레스터롱

A: That sounds nice.
댙 사운즈 나이스

B: Let's say about 6:00.
레츠 쎄이 어바웉 씩스

A: Fine, I'll see you then.
퐈인 아일 씨 유덴

함께 하시죠.

A: 오늘밤 저와 저녁식사 하시겠어요?

B: 그거 좋죠.

A: 어디로 갈까요?

B: 새로 생긴 중국집은 어때요?

A: 네, 좋습니다.

B: 6시경으로 하죠.

A: 네, 좋아요. 그때 만납시다.

- **together :** 함께
- **dinner :** 저녁식사
- **enjoy :** 즐기다
- **to :** ~에, ~로
- **restaurant :** 레스토랑
- **nice :** 좋은, 멋진
- **why :** 왜
- **tonight :** 오늘밤
- **want :** 원하다
- **Chinese :** 중국의
- **sound :** 들리다

✚ Let's ~

Let us의 줄임말(단축형)로서 「~하자」의 뜻.
Let's go : 갑시다

✚ I'll ~

I will의 단축형으로서 「나는 ~ 할것이다」의 뜻.
will은 미래의 일, 예정, 상상등을 나타내는데 쓰인다.

커피를 권할 때

How about a cup of coffee?
하우 어바웉어 컾어브 커피

1 **A:**Good morning, sir.
굳모닝　　　써

B:Good morning.
굳모닝

A:How about a cup of coffee?
하우 어바웉어 컾어브 커피

B:With pleasure.
위드 플레져

A:How do you like your coffee?
하우두유 라잌유어 커피

B:With cream and sugar, please.
위드 크림앤드슈거　플리즈

2 **A:**Would you like a cup of coffee?
우드유 라잌어 컾어브 커피

B:Yes.
예스

A:Here you are.
히어　유아

B:This coffee sure smells good!
디스 커피슈어　스멜즈굳

102

커피 한잔 어떠세요?

1 A: 안녕하십니까?

   B: 안녕하세요.

   A: 커피 한잔 어떠세요?

   B: 좋죠.

   A: 커피를 어떻게 드시겠습니까?

   B: 크림과 설탕을 넣어주세요.

2 A: 커피 한잔 드시겠어요?

   B: 네.

   A: 여기 있어요.

   B: 이 커피는 정말 향이 좋군요!

> · **coffee** : 커피
> · **with pleasure** : 기꺼이, 쾌히
> · **your** : 당신의
> · **cream** : 크림
> · **sugar** : 설탕

✚ 셀 수 없는 명사(물질명사)의 표현

   a cup of coffee : 한 잔의 커피
   a glass of water : 한 잔의 물
   a sheet(piece) of paper : 한 장의 종이
   a piece of bread : 한 조각의 빵

디저트(후식)을 권할 때

Would you like some dessert?
우드유 라익 썸 디저트

A: Would you like some more soup?
우드유 라익 썸 모어 스웊

B: No, thank you.
노우 쌩큐

I've had enough.
아이브 해드이넢

A: Would you like some dessert?
우드유 라익 썸 디저트

B: Well, I'll have a little icecream.
웰 아일 해브어 리틀 아이스크림

디저트 좀 드시겠어요?

A: 스프 좀 더 드시겠어요?

B: 아니요. 괜찮습니다. 실컷 먹었어요.

A: 디저트 좀 드시겠어요?

B: 글쎄요, 아이스크림 조금만 먹겠어요.

- **enough** : 충분한
- **a little** : 소량의
- **ice cream** : 아이스크림
- **dessert** : 식후의 과자 또는 과실
- **would** : will의 과거형
- **some** : 얼마의
- **more** : 더 많은
- **soup** : 스프
- **I've~** : I have~의 단축형

✚ many와 much의 비교

many(많은): 셀 수 있는 명사 앞에 붙는다.
much(다량의): 셀 수 없는 명사 앞에 붙는다.

✚ a few와 a little의 비교

a few(소수의): 셀 수 있는 명사 앞에 붙는다.
a little(소량의): 셀 수 없는 명사 앞에 붙는다.

식사시간이 되었을 때

Soup is on! 스윞이즈온

1 **A:** Say kids,
쎄이키즈

B: We'll be with you in a minute.
위일비 위드유 인어 미니트

A: Take your time with your food.
테잌유어 타임 위드유어 푸드

B: I'm in a hurry this morning.
아임인어 허리 디스모닝

2 **A:** I'm getting hungry.
아임게팅 헝그리

B: So am I.
쏘앰 아이

A: Let's get something to eat.
레츠 겥 썸씽 투 잍

B: It looks delicious.
잍뤀스 딜리셔스

A: Soup's on!
스윰스온

식사 합시다 !

1 **A:** 애들아, 밥 먹어라.

   B: 네, 곧 가겠어요.

   A: 너무 급하게 먹지 말아라.

   B: 오늘 아침 바빠서 그래요.

2 **A:** 배고파 지는데요.

   B: 저도 그런데요.

   A: 자, 좀 먹읍시다.

   B: 참 맛있어 보이는데요.

   A: 식사 합시다.

- **soup is on :** 「스프 듭시다」란 뜻인데, 「식사 합시다」로 의역된다.
- **be on :** 응하다, 기꺼이 참가하다.
- **with :** 함께
- **minute :** 분
- **food :** 음식
- **hurry :** 서두르다
- **hungry :** 배고픈
- **something :** 어떤 것
- **eat :** 먹다
- **look :** 보이다
- **delicious :** 맛있는, 상쾌한

✚ get에 관한 숙어

get a long with : ~와 사이좋게 지내다.
get at : ~에 이르다. 도착하다.
get better : 좋아지다.
get off : 출발하다.
get up : 일어나다.

식사를 제의할 때

Are you free tomorrow?
아 유 프리 트머로우

A: Can you come over for lunch?
캔유 컴오버 풔 런취

B: I'm afraid not.
아임 어프레이드 낱

I'm terribly busy today.
아임 테러블리 비지 투데이

A: Are you free tomorrow?
아 유 프리 트머로우

B: Yes, I'm off tomorrow.
예스 아임 오프 트머로우

내일은 한가하십니까?

A: 점심 함께 할 수 있습니까?

B: 유감입니다. 오늘은 무척 바쁩니다.

A: 내일은 한가하십니까?

B: 예, 내일은 쉽니다.

- **lunch :** 점심
- **terribly :** 몹시
- **off :** (이탈)떨어져, 노는, 비번의

✚ off에 관한 숙어

off : 떨어져서, 분리되어
be off : 떠나다
off and on : 때때로, 불규칙하게
be well off : 유복하게 지내다

✚ yesterday : 어제
the day before yesterday : 그저께
the day after tomorrow : 모레
every day : 매일
in a few days : 2,3일 이내
some other day : 조만간
this week : 이번주
last week : 지난주
next week : 다음주
every week : 매주
this month : 이달
last month : 지난달

음식을 주문할 때

What would you like to eat?
왙우드유 라잌 투 잍

1 **A:**What do you want?
왙 두 유 원트

B:I'll try a steak sandwich.
아윌 트라이어 스테잌 샌드위치

A:What would you like to drink?
왙우드유 라잌 투 드링크

B:Coffee would be fine.
커피 우드 비 퐈인

A:All right. Thank you.
올 라잍 쌩―큐

2 **A:**What would you like to eat?
왙우드유 라잌투잍

B:I'd like to have a bulgogi.
아이드 라잌 투 해브어 불고기

C: Make it the same.
메이크잍 더 세임

B:All right. Thank you.
올 라잍 쌩큐

무엇을 드시겠어요?

1 **A:** 무엇을 드시겠어요?

  B: 스테이크 샌드위치 하나 먹겠어요.

  A: 마실 것은 뭘 드릴까요?

  B: 커피가 좋겠어요.

  A: 알겠습니다. 감사합니다.

2 **A:** 무엇을 드시겠어요?

  B: 난 불고기로 주세요.

  C: 같은 걸로 하겠어요.

  A: 알겠습니다. 감사합니다.

- **try :** 노력하다, 시도하다
- **steak :** 두껍게 썬 고기
- **sandwich :** 샌드위치
- **bulgogi :** 불고기
- **same :** 같은

음식을 주문받을 때

Here or to go?
히어 오어 투 고

1　**A:** May I help you?
메이 아이 헬프 유

　B: I'd like a Hamburger please.
아이드 라잌어 햄버거 플리즈

　A: Here or to go?
히어 오어 투고

　B: To go.
투 고우

2　**A:** What can I get you?
왙 캔 아이 겥유

　B: A coke, please.
어 코우크 플리즈

　A: Here or to go?
히어 오어 투고

　B: Here.
히어

　A: Ok. Sit down and I'll get it.
오케이 씉 다운 앤드아일 겥잍

여기서 드실래요. 아니면 싸 가실래요?

1 A: 무엇을 도와드릴까요?

   B: 햄버거 하나만 주세요.

   A: 여기서 드실래요. 아니면 싸 가실래요?

   B: 가져가겠어요.

2 A: 무얼 드시겠어요.

   B: 코카콜라 주세요.

   A: 여기서 드실래요. 아니면 싸 가실래요?

   B: 여기서 들겠어요.

   A: 예, 앉아계시면 가져다 드리죠.

- **hamburger** : 햄버거
- **get** : 얻다. ~하게 되다, ~이 되다
- **coke** : 코카콜라
- **sit down** : 앉다
- **stand up** : 일어서다

식사비를 계산할 때

Let's go halves.
레츠 고우 하브즈

1 **A:** This lunch is on me, Mrs. Lee.
디스 런취 이즈 온 미 미세스 리

B: No, I insist on paying this time.
노우 아이 인시스트 온 페잉 디스 타임

A: I've got a good idea.
아이브 갓 어 굳아이디어

Let's go halves.
레츠 고우 하브즈

B: All right.
올 라이트

2 **A:** This is a good restaurant.
디스 이즈어 굳 레스터롱

B: Yes, the food was delicious.
예스 더 푸드 워즈 딜리셔스

A: Waiter, Please let me have the bill.
웨이터 플리즈 렡 미 해브 더 빌

B: It's on me.
이츠 온 미

A: No, Let's go halves on this.
노우 레츠 고우 하브즈 온 디스

반반 부담하지요.

1 **A:** 점심은 제가 사지요, 이여사.

 B: 아니, 이번에는 제가 내겠어요.

 A: 그럼 제게 좋은 생각이 있어요. 반반 부담하지요.

 B: 좋아요.

2 **A:** 이 식당이 좋군요.

 B: 예, 음식이 맛있군요.

 A: 웨이터, 계산서 부탁합니다.

 B: 제가 지불하죠.

 A: 아니, 이번은 반반 부담해요.

- **insist on :** ~을 주장하다
- **idea :** 생각
- **pay :** 지불하다
- **halves :** half(반)의 복수
- **food :** 음식
- **delicious :** 맛있는, 진미의
- **waiter :** 급사, 웨이터
- **bill :** 청구서, 계산서

마실 것을 권할 때

Would you care for a drink?
우드유 케어 포 어 드링크

1 **A:** I'm happy you could make it.
아임 해피 유 쿠드 메이크잍

B: It's nice to be here.
이츠 나이스 투 비 히어

A: Would you care for a drink?
우드유 케어 풔 어 드링크

B: I think I'll have a beer.
아이 씽크 아윌 해브어 비어

2 **A:** It's a pleasure to see you again.
이츠 어 플레져 투 씨 유 어게인

B: Thank you for inviting me.
쌩-큐 풔 인바이팅 미

A: What can I get you?
왈 캔 아이 겥유

B: Just a glass of juice, please.
져스트어 글래스엎 쥬스 플리즈

마실 것 좀 드시겠어요?

1 **A:** 다시 뵈어 반갑습니다.

B: 오게 되어 기쁘군요.

A: 마실 것 좀 드시겠어요?

B: 맥주나 마실까 합니다.

2 **A:** 다시 만나 기뻐요.

B: 초대해 주셔서 감사합니다.

A: 무얼 드릴까요?

B: 쥬스 한잔만 주세요.

- **beer :** 맥주
- **pleasure :** 기쁨
- **again :** 다시
- **invite :** 초대하다
- **a glass of juice :** 쥬스 한잔

숙박업소에 대해 알고 싶을 때

What would you like to know?
왙 우드유 라일 투 노우

1 **A:** Let me ask you some questions about inns.
렡 미 애스크 유 썸 퀘스쳔즈 어바웉 인즈

B: O.K. What would you like to know?
오케이 왙우드유 라일 투 노우

A: Do all rooms in Korean inns have baths?
두 올 룸즈 인 코리언 인즈 해브 배쓰즈

B: No, that depends on the class of the room.
노우 댙 디펜즈 온 더 클래스 어브 더 룸

2 **A:** I need information on local hotels, please.
아이 니드인포메이션 온 로컬호텔즈, 플리즈

B: What would you like to know?
왙우드유 라일 투 노우

A: Can you stay at an inn without a reservation?
캔 유 스테이 앹언인 위다웉 어 레져베이션

B: Yes, unless it's full.
예스 언레스 이츠풀

무엇을 알고 싶습니까?

1 **A:** (이 지역의) 여관에 관해서 알고 싶은데요.

   B: 무엇을 알고 싶습니까?

   A: 한국 여관방에는 모두 목욕탕이 딸려 있습니까?

   B: 아닙니다. 방의 등급에 따라 다릅니다.

2 **A:** 이 지역 호텔에 관해 알고 싶은데요.

   B: 무엇을 알고 싶습니까?

   A: 예약 없이도 방을 구할 수 있습니까?

   B: 예, 만원이 아니라면요.

- **question :** 질문
- **inn :** 여인숙(여관)
- **depend on :** ~에 의존하다
- **class :** 등급
- **need :** 필요로하다
- **information :** 정보
- **local :** 지역의
- **without :** ~없이
- **reservation :** 예약
- **unless :** 만일 ~이 아니면
- **full :** 가득 찬, 만원의

방을 예약할 때

Do you have any vacancies?
두 유 해브 에니 베이컨시즈

1 **A:** Do you have any vacancies?
두 유 해브 에니 베이컨시즈

B: Yes, we have a room on the second floor.
예스 위 해브 어 룸 온 더 쎄컨드 플로

A: What's the daily rate?
와츠 더 데일리 레이트

B: $60 a night.
씩스티달러즈 어 나잍

A: Can I see it, please?
캔 아이씨 잍 플리즈

B: Certainly, Just follow me.
써턴리 져스트 팔로우 미

2 **A:** Do you have any vacancies?
두 유 해브 에니 베이컨시즈

B: Yes, what kind of room would you like?
예스 왇카인드엄 룸 우드유라이크

A: A single room, with a bath.
어 싱글 룸 위드어배스

B: O.K, we have a nice room available.
오 케이 위 해브어 나이스 룸 어베일러블

빈 방 있습니까?

1 **A:** 빈 방 있습니까?

  B: 네, 2층에 방이 하나 있습니다.

  A: 하루 요금이 얼마입니까?

  B: 60달러 입니다.

  A: 방좀 볼까요?

  B: 물론이죠, 따라 오십시오.

2 **A:** 빈 방 있습니까?

  B: 예, 어떤 방을 원하십니까?

  A: 목욕탕이 있는 일인용 방이 좋습니다.

  B: 좋습니다. 마침 좋은 방이 하나 있습니다.

- **vacancy** : 빈방
- **room** : 방
- **rate** : 요금
- **single** : 단일의, 한 개의
- **available** : 쓸모있는, 유효한
- **daily** : 매일의
- **follow** : 따라가다(오다)
- **bath** : 목욕, 욕조

예약한 방을 사용할 때

Please send up a waiter.
플리즈 센드 엎 어 웨이터

1 **A:** I have a room reserved for tonight.
아이 해브어 룸 리저브드 풔 투나잍

B: May I have your name, sir?
메이 아이 해브유어 네임 써-

A: Lee. Youngho.
리 영호

B: Here's your key for room 3001.
히어즈 유어 키 풔 룸 쓰리오오원

A bellboy will help you with your baggage.
어 벨보이 윌 헬프유 위드유어 배기쥐

A: Thank you.
쌩-큐

2 **A:** Operator.
오퍼레이터

B: This is room 3654.
디스 이즈 룸 쓰리씩스 파이브포

Please send up a waiter.
플리즈 센드 엎 어 웨이터

A: Certainly.
써튼리

직원을 보내 주십시오.

1 **A:** 오늘밤에 쓸 방을 예약했는데요.

 B: 성함이 어떻게 되시죠?

 A: 이 영호입니다.

 B: 여기 키(열쇠) 받으세요. 3001호실입니다.

 벨보이가 짐을 들어 드릴 겁니다.

 A: 감사합니다.

2 **A:** 교환입니다.

 B: 3654호인데요.

 직원을 보내주십시오.

 A: 알았습니다.

- **reserved :** 예약된
- **tonight :** 오늘밤
- **key :** 열쇠
- **baggage :** 수하물, 짐
- **operator :** 교환원
- **bellboy :** (호텔 등의) 종업원

✚ 호텔에 관한 단어

single room : 1인용 방
double room : 2인용 방
manager : 지배인
waiter : 웨이터, 종업원

한국에 대해서 이야기할 때

How long have you been in Korea?
하우 롱 해브유빈 인 코리어

A: How long have you been in Korea?
하우 롱 해브유 빈 인 코리어

B: I've been here for 3 months now.
아이브 빈 히어 풔 트리 만쓰 나우

A: Do you speak Korean?
두 유 스픽 코리언

B: Not very well but I'm studying the language.
낱 베리 웰 벝아임 스터딩 더 랭귀지

A: Are you enjoying in Korea?
아 유 인조잉 인 코리어

B: Yes, I am.
예스 아이 앰

There are differences between Korea and my country but I find it interesting.
데어아 디풔런시스 비트윈코리어 앤드 마이 컨츄리 벝아이파인드잍 인

터리스팅

한국에 얼마나 계셨습니까?

A: 한국에 얼마나 계셨습니까?

B: 석달 되었습니다.

A: 한국어는 할 줄 아세요?

B: 썩 잘하지는 못하지만 공부하고 있습니다.

A: 한국에서 즐겁게 지내십니까?

B: 네, 한국하고 저희 나라하고 차이가 많지만 재미는 있습
니다.

- **not very well :** 매우 잘하지 못한다
- **studying the language :** 언어를 공부하고 있는
- **difference :** 차이
- **between :** ~사이에
- **yourself :** 당신자신

관광지에서 의견을 나눌 때

What did he do?
왙 딛 히 두

A:Tom, have you ever heard of King Sejong?
탐 해브유 에버 허드어브 킹 세종

B:No, I have never heard of him.
노우 아이 해브 네버 허드어브 힘

A:He was a great King in Korea.
히 워즈어 그레잍 킹 인 코리어

B:What did he do?
왙 딛 히 두

A:He invented Han-geul, more than five hundred years ago.
히 인벤티드 한글 모어댄 퐈이브 헌드레드 이어즈어고우

Have you ever seen Han-geul?
해브유 에버 씬 한글

B:Yes. I have, but I can't read it at all.
예스 아이 해브 벝아이 캔트 리드잍 앹올

A:Some scholars say it is one of the best alphabets in the world.
썸스컬러즈쎄이 잍이즈 원 어브 더 베스트 알파베츠 인더월드

B:That's good.
대츠굳

그는 무엇을 했습니까?

A: 당신은 세종임금에 대해서 들어본적이 있습니까?

B: 듣지 못했습니다.

A: 그는 위대한 한국의 왕이었습니다.

B: 그는 무엇을 했습니까?

A: 그는 오백년도 더 전에 한글을 창제했습니다.

한글을 보신 적이 있습니까?

B: 예, 본적은 있지만, 전혀 읽지는 못합니다.

A: 일부 학자들은 한글이 세계에서 가장 좋은 알파벳중 하나라고

합니다.

B: 훌륭한데요.

- **king :** 왕, 임금
- **never :** 결코~않다
- **great :** 위대한
- **invent :** 발명하다, 고안하다
- **ago :** 이전에
- **at all :** 전혀
- **scholar :** 학자
- **alphabet :** 알파벳

※ **can't**는 **can not**의 단축형

관광명소를 물어볼 때

What is that?
왙이즈 댙

1 **A:** What a nice view!
왙어 나이스 뷰

B: What's this building located in the lake?
와츠 디스 빌딩 로케이티드 인더 레이크

A: It's called Gyongwhe-ru.
이츠 콜드 경회루

B: What did they do here?
왙디드 데이 두 히어

A: It was used for receptions for foreign envoys.
잍워즈 유스트 풔 리셉션스 풔 포린 엔보이즈

2 **A:** Is that the Imperial Palace?
이즈댙 더 임페리얼 팰리스

B: Yes, that's it.
예스 대츠잍

It's called Gyongbog Palace.
이츠 콜드 경복팰리스

A: It's very unique.
이츠 베리 유니크

저것은 무엇입니까?

1 **A:** 멋진 전망이군요!

B: 호수 가운데 놓여 있는 건물은 무엇입니까?

A: 경회루라고 합니다.

B: 여기서는 무엇을 했습니까?

A: 외국사신들을 접대하는데 사용했습니다.

2 **A:** 저것이 왕궁입니까?

B: 예, 맞습니다. 경복궁이라 불립니다.

A: 매우 독특하군요.

- **locate :** 위치하다
- **in the lake :** 호수 가운데에
- **call :** 부르다
- **use :** 사용하다
- **reception :** 접대
- **foreign :** 외국의
- **envoy :** 공사, 사절
- **imperial :** 제국의, 황제의
- **palace :** 궁궐, 궁전

민속촌에 대해 물어볼 때

Here we are at the Folk Village.
히어 위 아 앹 더 포크 빌리지

1 **A:**Here we are at the Folk Village.
히어 위 아 앹 더 포크 빌리지

B:That's really interesting.
대츠 리얼리 인터레스팅

What kind of wall is this?
왙카인드 엎 월 이즈 디스

A:It's made of stone.
이츠 메이드 엎스톤

B:What kind of roof is this?
왙카인드 엎 루프 이즈 디스

A:It's a strawthatched roof.
이츠어 스트로쌔치트 루프

2 **A:**Here is a nobleman's house.
히어 이즈어 노블맨즈 하우스

B:It's a beautiful garden. What is that?
이츠어 뷰티풀 가든　　　　　왙 이즈 댙

A:That's a pillow made of bamboo.
대츠어 필로우 메이드엎 뱀부–

여기가 민속촌입니다.

1 **A:** 여기가 민속촌입니다.

  B: 정말 흥미롭군요. 이것은 무슨 종류의 벽입니까?

  A: 돌로 만들어졌습니다.

  B: 이것은 어떤 지붕입니까?

  A: 초가 지붕입니다.

2 **A:** 여기는 양반의 집입니다.

  B: 정원이 아름답군요. 저건 뭐죠?

  A: 대나무로 만든 베개입니다.

- **Folk Village :** 민속촌
- **wall :** 벽
- **roof :** 지붕
- **garden :** 정원
- **bamboo :** 대나무
- **stone :** 돌
- **pillow :** 베개
- **strawthatched roof :** 초가지붕
- **nobleman's house :** 양반집

전통놀이에 대하여

Have you ever seen a gune?
해브유 에버 신 어 그네

1 **A:** Have you ever seen a gune before?
해브유 에버 신 어 그네 비포

B: No, what's gune?
노우 와츠 그네

A: That's a gune.
대츠어 그네

B: That looks like fun.
댙 룩스 라익 풘

2 **A:** Shall we go to the market place?
쉘 위 고우 투 더 마켙 플레이스

B: All right. By the way, what's that statue?
올 라잍 바이더웨이 와츠 댙 스태츄

A: It guards the temple gate.
잍 가즈 더 템플 게이트

B: It looks fierce.
잍 룩스 퓌어스

그네를 본적이 있으십니까?

1 **A:** 이전에 그네를 본적이 있으십니까?

   B: 아니오, 그네가 뭐죠?

   A: 저것이 그네입니다.

   B: 재미있게 생겼군요.

2 **A:** 우리 장터로 갈까요?

   B: 좋습니다. 그런데 저 조각상은 무엇입니까?

   A: 그것은 사원의 문을 지키는 것입니다.

   B: 험상궂게 보이는군요.

- **ever** : 일찍이, 언젠가
- **before** : 이전에
- **fun** : 재미(있는), 장난
- **market** : 시장
- **by the way** : 그런데
- **statue** : 조각상, 동상
- **guard** : 지키다, 보호하다
- **fierce** : 흉포한, 사나운
- **gune** : 그네
- **look** : 보이다
- **place** : 장소, 위치
- **gate** : 문

관광지를 물어 볼 때

How old is kyongju?
하우 올드이즈 경주

1 **A:** Is this your first visit to Kyongju?
이즈 디스 유어 퍼스트 비짙 투 경주

B: Yes. How old is Kyongju?
예스 하우 올드이즈 경주

A: It's over 1,000 years old.
이츠 오버 원싸우전드 이어즈 올드

B: It's really an old city.
이츠 리얼리 언 올드 시티

2 **A:** What are the most outstanding things in Kyongju?
왙아더 모스트 아웃스텐딩 씽즈 인 경주

B: Bulgugsa and Soggulam.
불국사 앤드 석굴암

A: I'm anxious to see them.
아임 앵셔스 투 씨 뎀

B: I'll be occur guide in Bulgug temple.
아월 비 오커 가이드 인 불국 템플

A: Thank you.
쌩-큐

경주는 얼마나 오래된 도시죠?

1 **A:** 경주는 이번이 처음입니까?

B: 예, 경주는 얼마나 오래된 도시입니까?

A: 천년이 넘습니다.

B: 정말 오래된 도시군요.

2 **A:** 경주에서 가장 뛰어난 것은 무엇입니까?

B: 불국사와 석굴암입니다.

A: 그것을 몹시 보고싶군요.

B: 불국사로 안내하겠습니다.

A: 감사합니다.

- **first visit :** 첫 번째 방문
- **old :** 나이 많은, 옛날의
- **over :** ~위에, ~이상
- **year :** 해, 년
- **city :** 도시
- **guide :** 안내(하다), 안내자
- **temple :** 절, 사원
- **really :** 정말
- **anxious :** 걱정하는, 갈망하는
- **outstanding :** 눈에 띄는

박물관에서

It's the National Museum.
이츠 더 내셔널 뮤지엄

1 A:What building is this?
왓 빌딩 이즈 디스

B:It's the National Museum.
이츠 더 내셔널 뮤지엄

A:How old is this museum?
하우 올드 이즈 디스 뮤지엄

B:It was completed in 1972.
잍워즈 컴플리티드 인 나인틴세븐티투

There is a wide range of exhibits.
데어 이즈 어 와이드 레인지옆이그지비츠

2 A:Where shall we start?
웨어 쉘 위 스타트

B:Let's begin over there.
레츠 비긴 오버 데어

A:This is a very unique landscape.
디스 이즈어 베리 유니크 랜드스케잎

B:It was painted by An Gyon.
잍워즈 페인틷 바이 안견

국립 박물관입니다.

1 **A:** 이것은 무슨 건물입니까?

 B: 국립 박물관입니다.

 A: 이 박물관은 얼마나 오래됐습니까?

 B: 1972년에 완공되었습니다.

 이곳엔 광범위한 종류의 전시품이 있습니다.

2 **A:** 어디서부터 시작할까요?

 B: 저기서부터 시작합시다.

 A: 이것은 매우 독특한 풍경화로군요.

 B: 그것은 안견이 그린 것입니다.

- **building** : 건물
- **National Museum** : 국립 박물관
- **complete** : 완성하다, 완공하다
- **wide** : 폭이 넓은, 광대한
- **range** : 범위
- **exhibit** : 전시품
- **unique** : 유일무이한, 독특한
- **landscape** : 경치, 풍경
- **paint** : 그리다
- **by** : ~에 의해서

문화재에 대해서

Did you see the Emille Bell?
딛유 씨 디 에밀레 벨

A: How was your weekend?
하우 워즈 유어 위켄드

B: Wonderful!
원더풀

I went to the Gyrongju Museum.
아이 웬트 투 더 경주 뮤지엄

A: What did you see in the museum?
왇딛유 씨 인 더 뮤지엄

B: Paintings, porcelains, carved jade, golden ornaments, and so on.
페인팅즈 포스린즈 카브드 제이드 골든 오너먼츠 앤 쏘우 온

A: Did you see the Emille Bell?
딛유 씨 디 에밀레 벨

B: Of course.
엎 코스

It was very magnificent.
잍워즈 베리 매그니피슨트

에밀레종을 봤니?

A: 지난 주말 어떻게 지냈니?

B: 훌륭했어! 나는 경주 박물관에 갔었어.

A: 박물관에서 무엇을 봤니?

B: 그림, 자기, 곡옥, 금 장신구, 기타 등등

A: 에밀레 종도 봤니?

B: 물론. 그것은 매우 웅장했어.

- **weekend** : 주말
- **went** : go(가다)의 과거형
- **painting** : 그림
- **carved** : 조각된
- **golden** : 금으로 만든
- **and so on** : ～따위, 등등
- **magnificent** : 장엄한, 훌륭한
- **museum** : 박물관
- **porcelain** : 그릇, 자기
- **jade** : 비취, 옥
- **bell** : 종
- **ornament** : 장신구, 장식품
- **wonderful** : 놀라운, 훌륭한

도시를 관광할 때

Here we are in Busan.
히어 위 아 인 부산

1 **A:** Here we are in Busan.
히어 위 아 인 부산

B: What a crowd!
왙어 크라우드

A: Yes, this street is always crowded.
예스 디스 스트맅이즈 올웨이즈 크라우딛

Shall we go to Mt. Young-du now?
쉘 위 고우 투 마운틴 용 두 나우

B: All right. Let's do that.
올 라잍 레츠 두 댙

2 **A:** How high is this tower?
하우 하이 이즈 디스 타워

B: Around 118 meters.
어라운드 원헌드레드에이틴 미터즈

A: Is this figure a dragon?
이즈 디스 퓌겨어 드래곤

B: Yes, It is.
예스 잍이즈

A: The view is great.
더 뷰 이즈 그레이트

여기가 부산입니다.

1 **A:** 여기가 부산입니다.

B: 사람들이 대단히 많군요!

A: 예, 이 거리는 항상 붐비고 있지요. 이제 우리 용두산으로 갈까
요?

B: 좋습니다. 그러기로 하죠.

2 **A:** 이 탑의 높이는 얼마나 됩니까?

B: 약 118미터입니다.

A: 이것이 용의 동상입니까?

B: 예, 그래요.

A: 전경이 훌륭하군요.

- **we :** 우리
- **street :** 거리
- **high :** 높이
- **figure :** 모양, 형상
- **view :** 경치, 저망
- **Let's do that :** 그렇게 합시다
- **crowd :** 군중, 많은 사람
- **always :** 항상
- **tower :** 탑
- **dragon :** 용

장소를 물어볼 때

Where is the Han river?
웨어이즈 더 한리버

1 **A:** What area would you like to see?
왙에리어 욷유 라잌 투 씨

B: I'd like to go up Mt. Namsan.
아이드 라잌 투 고우 엄 마운틴 남산

A: All right. Let's be on our way.
올 라잍 레츠 비 온아워 웨이

B: Where is the Han river?
웨어이즈 더 한리버

A: The river you see over there is the Han gang.
더 리버 유 씨 오버 데어이즈 더 한강

2 **A:** This street is the Sejongro.
디스 스트맅 이즈 더 세종로

B: What's that structure on the left?
왇츠 댙 스트락쳐 온 더 레프트

A: That is the Citizen hall.
댙 이즈 더 시티즌 홀

B: It's a great building.
이츠어 그레잍 빌딩

한강은 어디에 있습니까?

1 **A:** 어떤 곳을 구경하시고 싶으십니까?

   B: 남산으로 가고 싶습니다.

   A: 네, 그럼 곧 떠납시다.

   B: 한강은 어디입니까?

   A: 저기 보이는 강이 한강입니다.

2 **A:** 이 거리가 세종로입니다.

   B: 저 왼편 건물은 무엇입니까?

   A: 시민회관입니다.

   B: 훌륭한 건물이군요.

- **area :** 지역
- **go up :** 오르다
- **structure :** 구조, 건축(물)
- **left :** 왼쪽(의)
- **hall :** 회관

✚ go에 관한 숙어

go by : (시간이)지나가다, (옆을)지나가다
go on : 계속하다
go abroad : 외국에 가다
go down : 내려가다
go over : 건너다
go about : 노력하다, 돌아다니다

4. 일상생활에 관한 표현

약속을 정하려고 할 때

What time may I see you?
왈 타임 메이 아이 씨 유

1 **A:** When will you be free?
웬 월 유 비 프리

B: Come and see me any time you like.
컴앤드 씨 미 에니 타임 유 라이크

A: I will come tomorrow evening.
아이윌 컴 트머로우 이브닝

B: That will be fine.
댙 윌 비 퐈인

2 **A:** I'd like to see you tomorrow.
아이드 라익 투 씨유 트머로우

B: I'm sorry. I am very busy tomorrow.
아임 쏘리 아이앰 베리 비지 트머로우

A: How about the day after tomorrow?
하우어바웉 데이 애프터 트머로우

B: That would be fine.
댙 우드 비 퐈인

A: Where shall we meet?
웨어 쉘 위 미트

B: Let's meet in my house.
레츠미트 인 마이 하우스

언제 만날 수 있을까요?

1 **A:** 언제 시간이 있겠습니까?

  B: 언제든지 좋을 때 오세요.

  A: 내일 저녁때 오겠습니다.

  B: 좋습니다.

2 **A:** 내일 당신을 만나고 싶습니다.

  B: 미안합니다. 내일은 매우 바쁩니다.

  A: 모레는 어떻습니까?

  B: 좋습니다.

  A: 어디서 만날까요?

  B: 저의 집에서 만납시다.

- **when** : 언제
- **free** : 자유로운
- **time** : 시간
- **like** : 좋아하다
- **in** : ~에서, ~안에
- **tomorrow** : 내일
- **evening** : 저녁
- **after** : ~후, ~후에
- **house** : 집

날씨를 물어볼 때

How's the weather today?
하우즈더 웨더 투데이

1 **A :** How's the weather today?
하우즈더 웨더 투데이

B : It is a nice day.
잍이즈어 나이스데이

A : Yes, it's much better than yesterday.
예스 이츠머치 베터댄 예스터데이

B : What's the weather forecast for tomorrow?
와츠더 웨더 포캐스트 풔 트머로우

A : They say it will be cloudy.
데이세이 잍윌 비 클라우디

2 **A :** How's the weather today?
하우즈더 웨더 투데이

B : Looks like rain, doesn't it?
룩스 라잌 레인 더즌트잍

A : The radio says a storm is coming   tomorrow.
더레이디오 세즈어스톰이즈 커밍 트머로우

B : I'm frightened.
아임프라이튼드

A : I feel the same way.
아이 필 더 세임웨이

오늘은 날씨가 어떻습니까?

1 **A:** 오늘 날씨가 어떻습니까?

   B: 좋은 날씨군요.

   A: 네, 어제보다 훨씬 좋군요.

   B: 내일 일기예보는 어떻습니까?

   A: 흐릴 것이라고 합니다.

2 **A:** 오늘 날씨가 어떻습니까?

   B: 비가 올 것 같군요. 그렇지 않아요?

   A: 라디오에서 내일 폭풍우가 칠 것이라고 합니다.

   B: 두려운데요.

   A: 동감입니다.

- **How is ~ :** ~은 어떻습니까?
- **nice day :** 좋은 날
- **forecast :** 일기예보
- **than :** ~보다
- **tomorrow :** 내일
- **yesterday :** 어제
- **cloudy :** 구름낀 흐린

➕ 날씨에 관한 단어

fine fair : 청명한	thunder : 천둥
snow : 눈	windy : 바람부는
wind : 바람	cool : 시원한
shower : 소나기	rain : 비
cold : 추운	warm : 따뜻한

시간을 물어볼 때

What time is it? 왈 타임 이즈 잍

1 **A:** What time is it?
왈 타임 이즈잍

B: It's ten past three.
이츠 텐 패스트 쓰리

A: My watch is five minutes fast.
마이 워치 이즈 파이브 미니츠 패스트

B: What time does the meeting begin?
왈 타임 더즈 더 미팅 비긴

A: It's scheduled to begin at six p.m.
이츠 스케쥴드 투 비긴 앹 씩스 피.엠

2 **A:** What's the correct time?
와츠 더 코렉트 타임

B: It's eight twenty.
이츠 에잍 트웬티

A: We'll be late. Let's hurry.
위일 비 레이트 레츠 허리

B: No, We've got fifteen more minutes.
노우 위브 같 피프틴 모어 미니츠

몇 시 입니까?

1 **A:** 몇 시 입니까?

   B: 3시 15분입니다.

   A: 제 시계는 5분 빠릅니다.

   B: 회의는 몇시에 시작하죠?

   A: 오후 6시에 시작될 예정입니다.

2 **A:** 정확히 몇 시죠?

   B: 8시 20분입니다.

   A: 늦겠군요, 서둘죠.

   B: 아뇨, 15분 남았어요.

- **ten :** 10, 십, 열
- **past :** 과거, 지나간, ~을 따라서
- **time :** 시간
- **my :** 나의
- **watch:** 시계
- **five :** 다섯, 5
- **begin :** 시작하다
- **scheduled :** 예정된
- **six :** 여섯

✛ P. M(오후) Post meridiem의 약어

✛ A. M(오전) Ante meridiem의 약어

날짜를 물을 때

What date is today?
왈 데이트 이즈 투데이

1 **A:** What date is today?
왈 데이트 이즈 투데이

B: It is July the fifth.
잍 이즈 쥴라이 더 핖쓰

A: When are you leaving Seoul?
웬 아 유 리빙 서울

B: I'm leaving in a few days.
아임 리빙 인어퓨 데이즈

2 **A:** What day is today?
왈 데이 이즈 투데이

B: It is Saterday.
잍 이즈 쌔터데이

A: May I see you tomorrow?
메이 아이시 유 트머로우

B: Please contact me tomorrow.
플리즈 컨택트 미 트머로우

오늘은 몇 일입니까?

1 **A:** 오늘은 몇 일입니까?

  B: 7월 5일입니다.

  A: 언제 서울을 떠납니까?

  B: 이삼일 후에 떠납니다.

2 **A:** 오늘은 무슨 요일입니까?

  B: 토요일입니다.

  A: 내일 만날 수 있을까요?

  B: 내일 저에게 연락을 주십시오.

- **date** : 날짜
- **today** : 오늘
- **July** : 7월
- **fifth** : 제 5일
- **Seoul** : 서울

✚ 월에 관한 단어

January : 1월	July : 7월
February : 2월	August : 8월
March : 3월	September : 9월
April : 4월	October : 10월
May : 5월	November : 11월
June : 6월	December : 12월

계절에 대해서

It's already spring.
이츠 올레디 스프링

1 **A:** It's been drizzling all day.

이츠 빈 드리즐링 올 데이

B: It'll help the new buds come out.
잍윌 헬프 더 뉴 벋즈 컴 아웉

A: It's good for the rice paddies, too.
이츠 굳 풔 더 라이스 패디스 투

B: Sping is good season, isn't it?
스프링 이즈 굳 시즌 이즌트 잍

2 **A:** It's already spring, isn't it?
이츠 올레디 스프링 이즌트 잍

B: Yes, it really is.
예스 잍 리얼리 이즈

A: Do you have any special plans?
두 유 해브 에니 스페셜 플랜즈

B: No, I have't.
노우 아이해브트

벌써 봄이구나.

1 **A:** 하루종일 이슬비가 오는군요.

  B: 새싹이 잘 돋아나게 할거예요.

  A: 논에도 좋구요.

  B: 봄은 좋은 계절입니다. 그렇죠?

2 **A:** 벌써 봄이야, 그렇지 않니?

  B: 응, 정말 그래.

  A: 너 특별한 계획이라도 있니?

  B: 아니, 없어.

- **already** : 벌써
- **spring** : 봄
- **drizzle** : 이슬비가 내리다, 가랑비
- **new bud** : 새싹
- **come out** : 나타나다, 드러나다
- **rice** : 쌀
- **season** : 계절
- **special** : 특별한
- **plan** : 계획

✚ 계절에 관한 단어

spring : 봄
summer : 여름
fall : 가을, 영국에서는 autumn으로 쓴다
winter : 겨울

날씨에 대해서

It is terribly hot.
잍이즈 테러블리 핱

1 **A:** What season is it now in Brazil?
왙 씨즌 이즈 잍 나우 인 브라질

B: It's summer now.
이츠 썸머 나우

A: How weather is there now?
하우 웨더 이즈 데어 나우

B: It is terribly hot.
잍이즈 테러블리 핱

2 **A:** It is terribly hot today, isn't it?
잍이즈 테러블리 핱 투데이 이즌트잍

B: It sure is. It's a sizzler!
잍 슈어 이즈 이츠어 씨즐러

A: This hot weather makes me thirsty.
디스 핱 웨더 메익스 미 써스티

B: Me, too. Let's get something to drink.
미 투- 레츠 겥 썸씽 투 드링크

지독하게 덥습니다.

1 **A:** 브라질은 지금 무슨 계절입니까?

 B: 지금은 여름입니다.

 A: 거기는 지금 날씨가 어떻습니까?

 B: 지독하게 덥습니다.

2 **A:** 오늘은 날씨가 지독하게 덥죠?

 B: 그런데요. 푹푹 찌는데요.

 A: 날이 더워서인지 목이 마르군요.

 B: 저도 그렇습니다. 뭘 좀 마십시다.

- **terribly** : 지독하게
- **summer** : 여름
- **make** : 만들다
- **something** : 어떤 것
- **hot** : 더운
- **sizzle** : 지글지글 끓다
- **thirsty** : 목마른
- **drink** : 마시다

좋아하는 계절에 대하여

Which season do you like best?
위치 시즌 두 유 라익 베스트

1 **A :** I think Korea is very beautiful.
아이 씽크 코리어 이즈 베리 뷰티풀

B : I think, too.
아이 씽크 투

There are many beautiful mountains and rivers.
데어아 메니 뷰티풀 마운틴스 앤드 리버스

A : Do you like the weather in Korea?
두 유 라익 더 웨더 인 코리어

B : Yes, I do.
예스 아이 두

A : Which season do you like best?
위치 시즌 두 유 라익 베스트

B : I like autumn best.
아이 라익 오텀 베스트

The sky looks very clear and blue in a u - tumn.
더 스카이 룩스 베리 클리어 앤드 블루 인오텀

어느 계절을 가장 좋아하십니까?

1 **A:** 저는 한국이 매우 아름답다고 생각합니다.

B: 저 역시 그렇게 생각해요.

한국에는 많은 아름다운 산과 강이 있습니다.

A: 한국의 기후를 좋아하세요?

B: 예, 좋아합니다.

A: 어느 계절을 가장 좋아합니까?

B: 저는 가을이 가장 좋아요. 가을 하늘은 매우 맑고 푸르게 보입니다.

- **think** : 생각하다
- **too** : 역시
- **mountain** : 산
- **river** : 강
- **weather** : 기후, 날씨
- **which** : 어느(것), 어느 쪽
- **season** : 계절
- **best** : 가장 좋은
- **sky** : 하늘
- **clear** : 맑은, 깨끗한
- **blue** : 푸른(색)

하이킹에 대하여

How about going hiking with us?
하우 어바웉 고잉 하이킹 위드어스

1 **A:** How about going for a bike ride?
하우 어바웉 고잉 풔어 바이크 라이드

B: Sure. Where would you like to go?
슈어 웨어 욷유 라이크 투 고우

A: We could go to the park.
위쿠드 고우 투 더 팤

B: Good. I'll get ready.
굳   아월 겔레디

2 **A:** How about going hiking with us?
하우 어바웉 고잉 하이킹 위드어스

B: Sounds good to me.
사운즈 굳 투 미

　Where should we go?
웨어슈드 위 고우

A: How about to go to Imjingak?
하우 어바웉 투 고우 투 임진각

B: Fine. Just let me change.
퐈인 져스트 렡 미 체인지

우리 하이킹 가는건 어때요?

1 **A:** 자전거 타러 가는건 어때요?

  B: 좋아요. 어디로 가고 싶으세요?

  A: 공원으로 갔으면 해요.

  B: 좋아요. 금방 준비할께요?

2 **A:** 우리 하이킹 가는건 어때요?

  B: 그거 좋죠. 우리 어디로 가죠?

  A: 임진각으로 가는게 어때요?

  B: 좋죠. 옷 좀 갈아입을께요.

- **bike :** 자전거
- **ride :** 타다
- **park :** 공원
- **hiking :** 하이킹
- **sound :** 들리다
- **let :** ~시키다. ~하게 하다
- **change :** 바꾸다. 옷을 갈아입다

산책에 대하여

Shall we go for a walk?
쉘 위 고우 포 어 워크

1 **A:** Shall we go for a walk?
쉘 위 고우 풔 어 워크

B: I ate too much, dad.   I don't think I can move.
아이 에잍 투 머취 댇 아이 돈트 씽크 아이 캔 무브

C: Neither can I.
니더 캔 아이

A: That's way you should take a walk.
대츠 웨이 유 슈드 테잌어 워크

2 **A:** When does he get up?
웬 더즈 히 겥 엎

B: He usually gets up at six.
히 유즈얼리 게츠 엎 앹 씩스

A: What does he do then?
왙 더즈 히 두 덴

B: On a fine day he walks in the park.
온 어 퐈인데이 히 웍스 인 더 팤

산책을 갈까요?

1 **A:** 산책을 갈까요?

B: 저는 너무 과식했습니다. 꼼짝도 못하겠어요.

C: 저 역시 그러합니다.

A: 바로 그렇기 때문에 산책을 가야 돼요.

2 **A:** 그는 언제 일어납니까?

B: 그는 보통 6시에 일어납니다.

A: 그 다음에 무엇을 합니까?

B: 일기가 좋은 날이면 그는 공원을 산책합니다.

- **walk** : 걷다
- **I can't move** : 움직일 수가 없다
- **when** : 언제
- **get up** : 일어나다
- **fine** : 좋은
- **park** : 공원

올림픽에 대하여

How often are the Olympic Games held?
하우 오픈 아 디 올림픽 게임즈헬드

1 **A:** How often are the Olympic Games held?
하우 오픈 아 디 올림픽 게임즈헬드

B: Every four years.
에브리 포-이어즈

A: When will they be held in Seoul?
웬 윌 데이 비 헬드 인 서울

B: In 2016.
인 투엔티식스틴

2 **A:** When did the first Olympic Games start?
웬 디드 더 퍼스트 올림픽 게임즈 스타트

B: About BC 776.
어바웉 비씨 쎄븐헌드레드쎄븐티씩스

A: Who made them start again in 1896?
후 메이드뎀 스타트어게인 인 에이틴나인티씩스

B: Pierrede Coubertin did.
피에르드 쿠베르뎅 디드

올림픽은 얼마만에 열립니까?

1 **A:** 올림픽은 얼마만에 열립니까?

   B: 4년마다 열립니다.

   A: 서울에서 언제 개최됩니까?

   B: 2016년에 개최됩니다.

2 **A:** 최초의 올림픽 경기는 언제 시작되었습니까?

   B: 기원전 776년 경입니다.

   A: 1896년 올림픽 경기를 다시 시작시킨 사람은 누구였습니까?

   B: 피에르드 쿠베르뎅 이었습니다.

- **Olympic :** 올림픽
- **held :** **hold**(개최하다)의 과거형
- **made :** **make**(만들다)의 과거형
- **game :** 경기
- **start :** 시작하다
- **again :** 다시

씨름경기에 대하여

Sireom is very popular.
씨름 이즈 베리 퍼퓰러

1

A: What a crowd !
왈어 크라우드

B: Yes, Sireom is very popular.
예스 씨름 이즈 베리 파퓰러

A: Oh, they're huge!
오우 데이어 휴지

One has beaten by the other.
원 해즈 비튼 바이 디 아더

B: Sireom contests are decided very quickly.
씨름 컨테스츠아 디사이디드 베리 퀴클리

A: The action is rapid and exciting.
디 액션 이즈 래피드 앤드 익사이팅

씨름은 대단한 인기입니다.

1 **A:** 굉장한 군중이군.

   B: 예, 씨름은 대단한 인기입니다.

   A: 체격이 거대하군.

   한사람이 상대를 쓰러뜨리는 데요.

   B: 씨름은 단시간에 판결이 나요.

   A: 동작이 빠르고 흥미롭군요.

- **Sireom :** 씨름
- **popular :** 인기있는
- **huge :** 거대한
- **beaten :** beat의 과거분사. 패배한
- **by the other :** 상대에 의해
- **contest :** 경기. 경쟁하다
- **decide :** 결정하다. 판결하다
- **quickly :** 빠르게
- **action :** 동작
- **rapid :** 신속한
- **exciting :** 흥미있는

수영에 대하여

Can you swim?
캔 유 스윔

1 A: Can you swim?
캔 유 스윔

B: Yes, I can.
예스 아이 캔

A: Which are you good any style?
위치 아 유 굿 에니 스타일

B: I like the free style.
아이 라잌 더 프리 스타일

2 A: What do you call that swimming stroke?
왙 두 유 콜 댙 스위밍 스트로크

B: It's called the butterfly.
이츠 콜드더 버터플라이

A: That player is very fast, isn't he?
댙 플레이어 이즈 베리 패스트 이즌트히

B: He'll probably establish a new record.
히윌 프러버블리 이스태블리쉬 어 뉴 레코드

수영 할 줄 아십니까?

1 **A:** 수영 할 줄 아십니까?

  B: 예, 합니다.

  A: 어느 형을 좋아하십니까?

  B: 자유형을 좋아합니다.

2 **A:** 저 수영법을 뭐라 합니까?

  B: 버터프라이라고 합니다.

  A: 저 선수는 매우 빠른데요.

  B: 아마 신기록을 낼 것 같군요.

- **swim** : 수영
- **style** : 형
- **free style** : 자유형
- **stroke** : 영법
- **butterfly** : 접영
- **probably** : 아마
- **establish** : 확립하다
- **new record** : 신기록

✚ 영법의 종류

free style : 자유형
crawl(stroke) : 크로올 영법
breast stroke : 평영
back stroke : 배영
butterfly : 접영

축구경기에 대하여

Can you play soccer well?
캔 유 플레이 싸커 웰

1 **A:** Where did you go yesterday?
웨어 딛유 고우 예스터데이

B: I went to see a Soccer game.
아이 웬트 투 씨 어 싸커 게임

A: Can you play soccer well?
캔 유 플레이 싸커 웰

B: Yes, I am crazy about soccer.
예스 아이앰 크레이지 어바웉싸커

2 **A:** Which team won the soccer game?
위치 팀 원 더 싸커 게임

B: The wolverines did.
더 월버라인즈 디드

A: What was the score of the game?
왈 워즈 더 스코어 어브 더 게임

B: Two to one.
투– 투 원

A: How was the game?
하우 워즈 더 게임

B: Both teams played well.
보쓰 팀즈 플레이드 웰

축구를 잘 하십니까?

1 **A:** 어제 어디에 갔었습니까?

  B: 축구경기 보러 갔었습니다.

  A: 축구를 잘 하십니까?

  B: 예, 저는 축구광입니다.

2 **A:** 그 축구경기 어디가 이겼습니까?

  B: 월보라인즈가 이겼습니다.

  A: 점수는 어떻게 되었습니까?

  B: 2:1이었습니다.

  A: 시합이 어떠했습니까?

  B: 두팀 다 훌륭했습니다.

- **soccer :** 축구
- **crazy :** 미친
- **won :** win(이기다)의 과거형
- **score :** 점수
- **both :** 둘다
- **team :** 팀

야구경기에 대하여

Let's go to the ball park.
레츠 고우 투 더 볼 팍

1 **A:** Let's go to the Seoul ball park.
레츠 고우 투 더 서울 볼 팍

B: Yes, Who's playing?
예스 후즈 플레잉

A: The Lottes and Samsung.
더 롯데즈 앤드 삼성

B: What time does the game begin?
왈 타임 더즈 더 게임 비긴

A: It's two hours. Let's hurry.
이츠 투 아워즈 레츠 허리

2 **A:** Do you often play baseball?
두 유 오픈 플레이 베이스볼

B: No, I'm too busy.
노우 아임 투 비지

A: That's too bad.
대츠 투 배드

B: However, I watch them on TV whenever I'm
free.
하우에버 아이 워치뎀 온 티비 웬에버 아임프리

야구장에 갑시다.

1 **A:** 서울 야구장에 갑시다.

   B: 예, 어느 시합입니까?

   A: 롯데와 삼성 시합입니다.

   B: 시합은 몇 시에 시작입니까?

   A: 2시입니다. 서두릅시다.

2 **A:** 야구를 자주 하십니까?

   B: 못합니다. 시간이 없는 걸요.

   A: 그것 참 안됐군요.

   B: 그러나 한가하면 언제나 TV로 야구경기를 시청합니다.

- **ball park :** 야구장
- **play :** 경기(하다)
- **game :** 경기, 시합
- **hurry :** 서두르다
- **baseball :** 야구
- **whenever :** 언제라도, ~할 적마다

✚ 야구 용어

   1st (2nd, 3rd) baseman : 1루(2루, 3루)수
   catcher : 포수
   shortstop : 유격수(의 위치)

스케이트에 대하여

Do you like skating?
두 유 라익 스케이팅

A: Are you free today?
아 유 프리 투데이

B: Yes, I am.
예스 아이 앰

A: Do you like skating?
두 유 라익 스케이팅

B: Yes, I do.
예스 아이 두

A: Well, Would you like to go to skate?
웰 우드유 라익 투 고우 투 스케잍

B: O.K. I'll get ready.
오케이 아윌 곌레디

스케이팅 좋아하십니까?

A: 오늘 한가하십니까?

B: 예.

A: 스케이팅 좋아하십니까?

B: 예, 좋아합니다.

A: 그럼 스케이트 타러 가시겠어요?

B: 좋아요. 준비하겠습니다.

- **free :** 자유로운, 한가한
- **skate :** 스케이트
- **ready :** 준비가 된

✚ 스포츠에 관한 단어

soccer : 축구
baseball : 야구
tennis : 정구, 테니스
table tennis : 탁구
basketball : 농구
volleyball : 배구
football : 미식축구
swim : 수영

좋아하는 스포츠에 대하여

What sports do you like?
왈 스포츠 두 유 라이크

1 **A:** What sports do you like best?
왈 스포츠 두 유 라일 베스트

B: I like tennis best of all sports.
아이 라일 테니스 베스트 엎올 스포츠

A: Do you play often?
두 유플레이 오픈

B: I play for an hour every morning.
아이 플레이풔 언 아워 에브리 모닝

2 **A:** I like any kind of sports.
아이라일 에니 카인드엎스포츠

What sports do you like?
왈 스포츠 두 유 라이크

B: I like play table tennis.
아이 라일 플레이 테이블 테니스

A: Are you a good player?
아 유 어 굳 플레이어

B: No, I'm just an average player.
노우 아임 져스트언 애버리지 플레이어

당신은 어떤 스포츠를 좋아합니까?

1 A: 어떤 스포츠를 제일 좋아합니까?

   B: 모든 스포츠 중 테니스를 제일 좋아합니다.

   A: 자주 (테니스를) 치세요?

   B: 매일 아침 1시간씩 칩니다.

2 A: 저는 스포츠는 무엇이든 좋아합니다. 당신은 어떤 스포츠를 좋
      아합니까?

   B: 저는 탁구를 좋아합니다.

   A: 잘 치세요?

   B: 아니오, 보통입니다.

- **sports** : 운동
- **all** : 모든
- **every morning** : 매일 아침
- **kind** : 종류
- **average** : 평균, 보통의
- **tennis** : 정구, 테니스
- **often** : 종종, 자주
- **table tennis** : 탁구

광적으로 좋아하는 것에 대해

I am a baseball buff.
아이앰어 베이스볼 버프

1 **A:** I am a baseball buff.
아이 앰 어 베이스볼 버프

B: Are you? I'm not too crazy about baseball.
아 유   아임낱투 크레이지 어바웉 베이스볼

A: What do you like best?
왙 두 유 라잌 베스트

B: I am crazy about movies.
아이 앰 크레이지 어바웉 무비즈

2 **A:** Bill is a classical music buff.
빌 이즈어 클래시컬 뮤직버프

B: Is he?
이즈 히

A: Yes, He hears everything of classical music.
예스 히 히어즈 에브리씽 엎 클래시컬 뮤직

B: Who does he like best?
후 더즈 히 라잌 베스트

A: I think that he likes Beethoven.
아이씽크 댙 히 라잌스 베토벤

야구광입니다.

1 **A:** 나는 야구광이야.

  B: 그러니? 난 야구를 그렇게 좋아하지 않아.

  A: 무엇을 좋아하니?

  B: 나는 영화보는 것을 미친 듯이 좋아해.

2 **A:** 빌은 클래식(고전) 음악광이야.

  B: 그러니?

  A: 응, 그는 클래식(고전) 음악이라면 무엇이든 다 들어.

  B: 누구를 좋아하니?

  A: 베토벤을 좋아해.

- **baseball buff :** 야구광
- **movie :** 영화
- **classical music buff :** 고전 음악광
- **everything :** 모든 것, 무엇이든지

사진을 찍을 때

I'm just a beginner.
아임 져스트어 비기너.

1 **A:** That's a nice camera.
대츠어 나이스 캐머러

B: Yes. However, I'm a poor photographer.
예스 하우에버   아임어 푸어 포토그래퍼

A: I wouldn't say that.
아이 우든트 세이댙

B: No. I'm just a beginner.
노우 아임 져스트 어 비기너

2 **A:** What a wonderful view!
왙어 원더풀 뷰

I'll take a picture of it.
아윌 테잌어 픽쳐 엎 잍

B: Focus on that tree.
풔커스 온 댙 트리

A: Is this angle all right?
이즈 디스 앵글 올 라잍

A: That's fine.
대츠퐈인

B: I will take it.
아이윌 테잌잍

180

저는 초보자입니다.

1 **A:** 좋은 사진기인데요.

   B: 예, 그러나 기술이 서툴러요.

   A: 그렇게 생각하지 않는데요.

   B: 아니오, 저는 초보자예요.

2 **A:** 훌륭한 경치인데! 사진을 찍자.

   B: 저 나무에 초점을 맞춰.

   A: 이 각도면 좋겠지.

   B: 됐어.

   A: 찍는다.

- **nice :** 좋은, 훌륭한
- **camera :** 사진기
- **poor :** 빈약한, 가난한
- **photograph :** 사진
- **beginner :** 초보자
- **picture :** 사진, 그림
- **focus :** 초점, 초점을 맞추다
- **tree :** 나무
- **angle :** 각도

극장에 전화를 걸 때

What's playing today?
와츠 플레잉 투데이

A: Is this the Daehan Theater?
이즈 디스 더 대한 씨어터

B: Yes, it is.
예스 잍이즈

A: What's playing today?
와츠 플레잉 투데이

B: Nightmare.
나잍메어

A: What time does the last show start?
왙 타임 더즈 더 라스트 쇼- 스타트

B: The last starts at 9 p.m.
더 라스트 스타츠앹 나인 피-엠

A: How much is the admission?
하우 머치 이즈 디애드미션

B: Three dollars for adults.
쓰리 달러즈 풔 어덜츠

오늘 프로가 뭐죠?

A: 대한극장 입니까?

B: 네, 그렇습니다.

A: 오늘 프로가 뭐죠?

B: '나이트메어'입니다.

A: 마지막 회 상영은 몇 시에 시작하죠?

B: 마지막 회는 오후 9시에 시작합니다.

A: 입장료는 얼마죠?

B: 어른은 3불입니다.

- **theater :** 극장
- **last :** 최후의, 마지막
- **admission :** 입장료
- **adult :** 어른, 성인

✛ 영화에 관한 단어

movie : 영화관
musical film : 음악영화
documentary film : 기록영화
theme song : 주제가
director : 감독
producer : 제작자
film actor : 배우
(actress) : (여배우)

TV에 대해서 얘기할 때

What's on TV now?
와츠 온 티비 나우

1 **A:** Do you often watch television?
두 유 오픈 워치 텔레비전

B: Yes. I watch a lot.
예스 아이 워치 어 랕

A: What TV programs do you like?
왇 티비 프로그램즈 두유 라이크

B: I like the soaps.
아이 라이크 더 쏘웊스

2 **A:** What's playing today?
와츠플레잉 투데이

B: A quiz show.
어 퀴즈 쇼

A: What's on another channel?
와츠 온 어나더 채널

B: There's musical.
데어즈 뮤지컬

A: Do you mind if we watch it?
두 유 마인드 이프 위 워치 잍

B: I really like a musical.
아이 리얼리 라잌 어 뮤지컬

TV에서 지금 뭐하고 있니?

1 **A:** TV를 자주 시청하십니까?

  B: 예, 많이 봅니다.

  A: 무슨 TV프로그램을 좋아하세요?

  B: 연속극을 좋아합니다.

2 **A:** TV에서 지금 뭐하고 있니?

  B: 퀴즈쇼를 하고 있어요.

  A: 다른 채널에서는 뭘하니?

  B: 음악영화예요.

  A: 그걸 봐도 괜찮을까?

  B: 나는 음악영화를 참 좋아해.

- **television :** 텔레비전
- **soaps :** 연속극
- **another channel :** 다른 채널
- **musical :** 음악의, 음악적인, 음악영화
- **mind :** 마음, 취향, 싫어하다

※ **soaps**는 **soap opera**(연속극)가 줄어든 말로 비누, 연속극의 두가지 의미로 사용된다.

TV 프로그램에 대해서

There's a western on.
데어즈어 웨스턴 온

1 **A:** Do you know what comes on next?
두 유 노우 왙 컴즈 온 넥스트

B: There's a western on.
데어즈 어 웨스턴 온

A: Do you mind if we watch it?
두 유 마인드 이프 위 워치 잍

B: All right.
올 라읻

2 **A:** What's on Channel 7 at 6:00?
와츠 온 채널 세븐 앹 씩스

B: I believe there's quiz show.
아이 빌리브 데어즈 퀴즈 쇼-

A: Do you want to watch it?
두 유 원트투 워치 잍

서부극이 있어요.

1 **A:** 다음에 뭘 하는지 생각나세요.

   B: 서부극이 있어요.

   A: 그걸 봐도 괜찮겠죠?

   B: 좋아요.

2 **A:** 6시에 채널7에서 무얼 하나요?

   B: 분명히 퀴즈쇼를 할거예요.

   A: 그게 보고 싶으세요?

- **next :** 다음에
- **watch :** 시청하다
- **believe :** 믿다
- **west :** 서부, 서쪽(의)
- **channel :** 채널
- **quiz show :** 퀴즈쇼

✛ TV에 관한 단어

broadcast : 방송

program : 프로그램

switch off, turn off : 끄다

switch on, turn on : 켜다

음악에 대하여

What's the selection?
와츠 더 쎌렉션

1 **A:** How crowded it is!
하우 크라우딛 잍이즈

B: I think the concert will begin soon.
아이 씽크 더 칸써트 윌 비긴 순

A: Oh, there's the conductor now.
오우 데어즈 더 컨닥터 나우

B: What's the first selection?
와츠더 풔스트 쎌렉션

A: It's Pastorale.
이츠 파스터럴

2 **A:** This selection is often broadcast.
디스 쎌렉션이즈 오픈 브로우드캐스트

B: It has lovely melody. What's the selection?
잍 해즈 러블리 멜로디　　　와츠더 쎌렉션

A: It's Chopin's Nocturne.
이츠 쇼우팽스 녹턴

What kind of the music do you like?
왙 카인드어브 더 뮤직 두유 라이크

B: I like orchestra music.
아이 라잌 오케스트러 뮤직

곡목이 뭐죠?

1 **A:** 굉장한 군중이군.

B: 연주회가 곧 시작될거야.

A: 지금 지휘자가 나왔다.

B: 첫 번째 곡목이 뭐지?

A: 파스토럴(전원곡, 목가곡)이야.

2 **A:** 이 곡은 자주 방송되지.

B: 아름다운 선율인데, 곡목이 뭐지?

A: 쇼팡의 야상곡이야. 너는 어떤 종류의 음악을 좋아하니?

B: 나는 관현악이 좋아.

- **concert** : 연주회
- **conductor** : 지휘자
- **pastorale** : 파스토럴 (전원곡, 목가곡)
- **lovely** : 아름다운
- **Nocturne** : 야상곡
- **orchestra** : 관현악곡
- **soon** : 곧
- **selection** : 곡목, 선집
- **broadcast** : 방송(의), 방송하다
- **melody** : 선율
- **music** : 음악

음악을 틀어주려고 할 때

Shall I play record for you?
쉘 아이 플레이 레코드 풔 유

1 **A :** What shall I play for you?
왓쉘아이 플레이풔 유

B : Foster's 'Swanee River', please.
포스터즈 스와니 리버   플리즈

A : What would you like to hear next?
왓울유 라이크 투 히어 넥스트

B : I'd like to hear "Unfinished Symphony."
아이드 라이크 투 히어 언퓌니쉬트 심포니

2 **A :** You have some fine records.
유 해브 썸퐈인 레코즈

B : Shall I play record for you?
쉘 아이 플레이 레코드 풔 유

A : Yes.
예스

B : How about do you hear?
하우 어바웉 두 유 히어

A : The sound is very clear.
더 사운드 이즈 베리 클리어

레코드를 틀어 드릴까요?

1 A: 무엇을 틀어 드릴까요?

   B: 포스터의 '스와니 강' 부탁해요.

   A: 다음은 무엇을 들으시겠어요?

   B: 미완성 교향곡을 듣고 싶어요.

2 A: 훌륭한 레코드를 가지고 계시군요.

   B: 레코드를 틀어 드릴까요?

   A: 예, 좋습니다.

   B: 어떻습니까?

   A: 소리가 참 맑군요.

- **unfinished** : 미완성인, 끝나지 않은
- **symphony** : 교향곡
- **record** : 레코드

✚ 음악에 관한 용어

organ : 풍금
cello : 첼로
violin : 바이올린
concerto : 협주곡
chamber music : 실내악
drum : 드럼, 북
singer : 가수

취미를 물어볼 때

What's your hobby?
와츠 유어 하비

1 **A :** Did you here about Bill's hobby?
딛유 히어 어바웉 빌스 하비

  B : No. What is it?
노우 왙이즈잍

  A : His hobby is collecting coins.
히즈하비이즈 콜렉팅코인즈

   He's got coins from all over the world.
히즈같 코인즈 프럼 올 오버더 월드

  B : When did he start collecting them?
웬딛히 스타트 콜렉팅 뎀

  A : When he was a child.
웬히 워즈어 차일드

2 **A :** What's your hobby?
와츠 유어 하비

  B : I collect match boxes.
아이 콜렉트 매취 박시즈

  A : How long have you been collecting them?
하우 롱 해브유 빈 콜렉팅 뎀

  B : For around five years.
풔어라운드 퐈이브 이어즈

너의 취미는 무엇이니?

1 **A:** 빌의 취미에 대해 들어봤니?

　B: 아니, 뭔데

　A: 그의 취미는 동전모으기야. 그는 세계 전역으로부터 동전을 수집했어.

　B: 그는 언제부터 그것을 모으기 시작했니?

　A: 어렸을 때 부터야.

2 **A:** 너의 취미는 뭐니?

　B: 성냥갑을 모아.

　A: 얼마나 오랫동안 그것을 모아왔니?

　B: 5년정도 됐어.

- **hear :** 듣다
- **hobby :** 취미
- **coin :** 동전
- **world :** 세계
- **child :** 아이
- **around :** 주위에
- **about :** ~에 관해
- **collect :** 모으다
- **all over :** 전역의
- **start :** 시작하다
- **matchbox :** 성냥갑

취미에 대하여

Do you have any hobbies?
두 유 해브 에니하비즈

1 **A:** I have no particular hobby.
아이 해브 노우 퍼티큘러 하비

Do you have any hobbies?
두 유 해브 에니 하비즈

B: My hobby is stamp collecting.
마이 하비이즈 스탬프 콜렉팅

A: How many do you have now?
하우 메니 두 유 해브 나우

B: I've collected about 1,500 stamps.
아이브 콜렉티드 어바웉 원싸우전드퐈이브헌드레드스탬스

2 **A:** Do you have any hobbies?
두 유 해브 에니 하비즈

B: I have been Fishing.
아이 해브 빈 퓌싱

A: I go fishing on holidays.
아이 고우 퓌싱 온 할러데이즈

B: Recently. I've taken up fishing, too.
리슨틀리 아이브 테이컨엎 퓌싱 투

당신은 어떤 취미를 가지고 계십니까?

1 **A:** 나는 특별한 취미가 없습니다.

　　당신은 어떤 취미를 가지고 계십니까?

　B: 나의 취미는 우표 수집입니다.

　A: 얼마나 많이 모으셨습니까?

　B: 약 1,500장 정도 모았습니다.

2 **A:** 당신은 어떤 취미를 가지고 계십니까?

　B: 낚시입니다.

　A: 나는 휴일이면 낚시하러 갑니다.

　B: 최근에 나도 낚시를 시작했습니다.

- **particular :** 특별한
- **stamp :** 우표
- **fishing :** 낚시
- **recently :** 최근에

✚ have에 관한 숙어

have got : 가지고 있다, 소유하다
have it on : ~보다 뛰어나다
have a good time : 유쾌하게 지내다
have done with : ~을 끝마치다
have only to : ~하기만 하면 되다.
have to : ~해야 한다

악기에 대하여

Do you play any musical instrument?
두 유 플레이 에니 뮤지컬 인스트루먼트

1　**A:** I didn't know you play the piano.
아이 디든트 노우 유 플레이 더 피애노

B: Haven't I ever told you?
해븐트 아이 에버 톨드유

A: Not that I can remember.
낱 댙아이 캔 리멤버

B: Do you play any musical instrument?
두 유 플레이 에니 뮤지컬 인스트루먼트

A: No, I wish I did.
노우 아이위시아이디드

2　**A:** How music do you enjoy?
하우 뮤직 두 유 인조이

B: I like the old fashioned songs.
아이 라읶 디 올드 패션드 송즈

A: Do you play any musical instrument?
두 유 플레이 에니 뮤지컬 인스트루먼트

B: Yes, I can play the violin.
예스 아이 캔 플레이 더 바이올린

악기를 다룰 줄 아세요?

1 **A:** 나는 당신이 피아노를 치는 줄은 몰랐습니다.

   B: 제가 얘기한 적이 없습니까?

   A: 기억이 안나는군요.

   B: 당신은 음악 악기를 다룰 줄 아십니까?

   A: 아니오, 그랬으면 좋겠어요.

2 **A:** 어떤 음악을 즐기십니까?

   B: 저는 옛날 노래를 좋아합니다.

   A: 악기를 다룰 줄 아십니까?

   B: 예, 바이올린을 할 수 있습니다.

- **play :** 놀다, 연주하다
- **piano :** 피아노
- **told :** tell(말하다)의 과거형
- **remember :** 기억하다
- **ever :** 언젠가, 일찍이
- **I wish I did :** (내가)그랬으면 좋겠다
- **enjoy :** ～을 즐기다
- **violin :** 바이올린

책을 빌릴 때

Please lend it to me.
플리즈 렌드잍 투 미

1 **A:** What are you reading?
왙아 유 리딩

B: I'm reading "Uncle Tom's" cabin.
아임 리딩 엉클 탐스 캐빈

A: Please lend it to me.
플리즈 렌드잍 투 미

B: After I read over. I'll give you.
애프트 아이리드오버 아월 기브 유

2 **A:** This Story is very interesting.
디스 스토리 이즈 베리 인터레스팅

　Do you want to read it?
두 유 원트 투 리드잍

B: Yes, Please lend it to me sometime.
예스 플리즈 렌드잍 투 미 썸타임

A: All right.
올 라이트

B: Thank.
쌩크

제게 빌려 주세요.

1 **A:** 무엇을 읽고 있습니까?

  B: '톰 아저씨의 오두막집'을 읽고 있습니다.

  A: 그것을 나에게 빌려 주세요.

  B: 제가 다 읽고 난 후에 빌려 드리겠습니다.

2 **A:** 이 이야기는 매우 재미있습니다.

    당신도 읽기를 원하십니까?

  B: 예, 언젠가 좀 빌려 주세요.

  A: 좋습니다.

  B: 감사합니다.

- **cabin** : 오두막집, 객실
- **lend** : 빌려주다
- **story** : 이야기
- **interesting** : 흥미, 관심있는
- **sometime** : 언젠가, 언제고

상점에서

May I help you?
메이 아이 헬프유

1 **A:** May I help you?
메이아이 헬프유

B: I am just looking.
아이앰 저스트 루킹

A: All right.
올 라잍

In case you need help, call me.
인 케이스 유 니드 헬프   콜 미

B: OK.
오케이

2 **A:** May I help you?
메이 아이 헬프 유

B: How late are you open?
하우 레이트 아 유 오픈

A: We'll be closed at six.
위일비 클로우즈드 앹 씩스

B: Will you be open tomorrow?
윌 유 비 오픈 트머로우

A: No, it's a national holiday.
노우 이츠어 내셔널 할러데이

도와 드릴까요?

1 **A:** 무엇을 찾으세요?

  B: 그저 구경 좀 하고 있습니다.

  A: 알겠습니다.

    필요하시면 저를 불러주세요.

  B: 좋습니다.

2 **A:** 도와 드릴까요?

  B: 상점을 몇 시까지 엽니까?

  A: 오후 6시에 닫습니다.

  B: 내일 문을 여십니까?

  A: 아니오, 내일은 휴일입니다.

- **help :** 돕다, 도움
- **in case :** 경우에
- **call me :** 나를 부르다
- **open :** 열다
- **close :** 닫다, 폐점하다
- **national holiday :** 국경일

✚ call에 관한 숙어

  call at : (집을)방문하다, 들르다

  call for : 부르다, 필요로 하다

  call on : (사람을) 방문하다

가격을 물어볼 때

How much?
하우 머치

1 **A:** How much is that chair?
하우 머치 이즈 댙 체어

B: Ten dollars.
텐 달러즈

A: Too expensive.
투 익스펜시브

  Can you come down a little?
캔 유 컴 다운 어 리틀

B: Sorry, we don't discount.
쏘리 위 돈트 디스카운트

2 **A:** How much is that doll?
하우 머치 이즈 댙 돌

B: Two dollars.
투 달러즈

A: I will take it. Can you gift wrap it?
아이 윌 테잌잍 캔 유 기프트 랲잍

B: Sure.
슈어

얼마입니까?

1 **A:** 저(그) 의자 얼마입니까?

B: 10달러입니다.

A: 너무 비싸군요. 좀 싸게 안 될까요?

B: 미안하지만 할인판매는 안하는데요.

2 **A:** 저(그) 인형 얼마입니까?

B: 2달러입니다.

A: 그것을 사겠습니다. 선물용으로 포장 좀 해줄 수 있어요?

B: 예.

- **how much is~?** : ~은(이) 얼마입니까?
- **chair** : 의자
- **dollar** : 달러
- **expensive** : 비싼
- **come down** : (값을)내리다
- **discount** : 할인
- **doll** : 인형
- **gift** : 선물
- **gift wrap** : 선물용으로 싸다, 포장하다

색상을 고를 때

Look good on you.
룩 굳 온 유

1 **A :** Your hat looks good on you.
유어 햍 룩스 굳 온 유

B : Thank you.
쌩-큐

A : Where did you get it?
웨어 딛유 겔잍

B : At a Department Store.
앹어 디파트먼트 스토어

2 **A :** What do you think of this tie?
왙 두유 씽크어브 디스타이

B : It looks good on you.
잍 룩스 굳 온 유

A : What about the color?
왙어바웉 더 칼러

B : It goes well with your suit.
잍 고우즈 웰 위드 유어 수트

A : Thank you.
쌩-큐

참 잘 어울리는군요.

1 A: 모자가 참 잘 어울리는군요.

B: 감사합니다.

A: 어디서 사셨나요?

B: 백화점에서요.

2 A: 이 타이 어때요?

B: 참 잘 어울리는데요.

A: 색깔은 어때요?

B: 입으신 양복과 잘 어울립니다.

A: 감사합니다.

- **hat** : 모자
- **at** : ~에서
- **department store** : 백화점
- **think** : 생각하다
- **tie** : (넥)타이
- **color** : 색깔
- **suit** : ~에 알맞다,(의복)한벌

물건을 싸게 샀을 때

It's a real good buy.
이츠 어 리얼 굳 바이

A: What do you think of this shoes?
왈 두 유 씽크 어브 디스 슈즈

B: That's a very pretty.
대츠 어 베리 프리티

A: Thank you. It was a steal.
쌩큐 잍 워즈어 스틸

B: How much did you pay?
하우 머치 딛유페이

A: Twenty dollars.
투웬티 달러즈

B: It's a real good buy.
이츠 리얼 굳 바이

정말 싸게 사셨군요.

A: 이 구두 어때요?

B: 매우 예쁘군요.

A: 고마워요. 아주 싸게 샀어요.

B: 얼마 줬는데요?

A: 20달러 줬어요.

B: 정말 싸게 사셨군요.

- **shoes :** 구두
- **steal :** 장물, 횡재
- **pay :** 지불하다
- **twenty :** 20
- **real :** 정말의(로), 실제의

✚ 백화점에 관한 단어

department : 백화점, 매장
counter : 계산대
showcase : 진열장
bargain sale : 염가판매
sales clerk : 점원

물건의 이름을 물을 때

What is this?
왈 이즈 디스

---

1 **A:** What is this?
    왈 이즈 디스

  B: It's a ashtray.
    이츠어 애쉬트레이

  A: What is those?
    왈 이즈도우즈

  B: They're forks.
    데이어 포크스

---

2 **A:** What flower is this?
    왈플라워 이즈 디스

  B: It's a lily.
    이츠어 릴리

  A: Are there tulips?
    아 데어 튤립스

  B: Yes, there are.
    예스 데어아

  A: What color are they?
    왈 칼라 아데이

  B: They are red, yellow, and white.
    데이아 레드, 옐로우, 앤드화이트

이것은 무엇입니까?

1 **A:** 이것은 무엇입니까?
   B: 그것은 재떨이입니다.
   A: 저것들은 무엇입니까?
   B: 그것들은 포크입니다.

2 **A:** 이것은 무슨 꽃입니까?
   B: 그것은 백합입니다.
   A: 튜울립도 있습니까?
   B: 네, 있습니다.
   A: 그것들은 무슨 색깔입니까?
   B: 그것들은 빨강, 노랑, 그리고 흰색입니다.

- **what** : 무엇
- **this** : 이것은
- **ashtray** : 재떨이
- **those** : 그것들은
- **lily** : 백합

- **there** : 거기에
- **tulip** : 튜울립
- **color** : 색깔
- **red** : 빨강
- **yellow** : 노랑
- **white** : 흰(색)

✚ there are(복수) : ~이 있다
  there is (단수) : ~이 있다

물건을 살 때

Haven't you anything cheaper?
해븐트유 에니씽 치퍼

A: Let me see that cap in the showcase.
렡 미 씨 댙 캡 인 더 쇼케이스

B: Which one, sir?
위치 원　써-

A: That yellow one.
댙 옐로우 원

B: This one?
디스 원

A: Yes. How much is it?
예스 하우 머치 이즈 잍

B: Thirty hundred, sir.
써티 헌드레드　써-

A: Haven't you anything cheaper?
해븐트유 에니씽 치퍼

B: How about this one? It's 2,000 won.
하우 어바웉 디스 원　이츠 투싸우전드 원

A: Well, I'll take it.
웰　아월 테잌 잍

조금 싼 것은 없습니까?

A: 진열장에 있는 저 모자 좀 보여주십시오.

B: 어느 것입니까?

A: 저 노랑색 말입니다.

B: 이것 입니까?

A: 네, 얼마입니까?

B: 3,000원입니다.

A: 조금 싼 것은 없습니까?

B: 이것은 어떻습니까? 2,000원입니다.

A: 그럼, 그것을 사겠습니다.

- **cap** : 모자
- **yellow** : 노랑(색)
- **cheap** : 값이 싼
- **showcase** : 진열장
- **thirty** : 30

시계를 사려고 할 때

I'm looking for some watches.
아임 루킹 풔 썸 워치즈

1 **A:** May I help you?
메이 아이 헬프 유

B: I'm looking for some watches.
아임 루킹 풔 썸 워치즈

A: Certainly. You can find them on the second floor.
써튼리   유 캔 퐈인드 뎀 온 더 세컨드 플로

B: Where on the second floor?
웨어 온 더 세컨드 플로

A: It's to the right.
이츠 투 더 라잍

B: I see. Thank you.
아이 씨 쌩큐

2 **A:** May I help you?
메이 아이 헬프 유

B: I'm looking for some toys.
아임 루킹 풔 썸 토이즈

A: Come this way, please.
컴 디스 웨이 플리즈

B: Thank you.
쌩큐

시계 좀 구하려는데요.

1 **A:** 어서 오십시오.

   B: 시계를 좀 보고 싶은데요.

   A: 네, 시계는 2층입니다.

   B: 2층 어느 편입니까?

   A: 오른편에 있습니다.

   B: 알았습니다. 감사합니다.

2 **A:** 도와 드릴까요?

   B: 장난감을 좀 구하려는데요.

   A: 이쪽으로 오십시오.

   B: 감사합니다.

- **look for :** ~을 찾다, 구하다
- **watch :** 시계
- **second floor :** 2층
- **right :** 오른쪽
- **toy :** 장난감
- **way :** 길

✚ 시계의 분류

   watch : 손목시계
   clock : 괘종시계
   alarm : 알람시계

상점에서 옷을 입어보고 싶을 때

May I try it on?
메이아이 트라이잍온

1 **A:** I want a suit.
아이 원트어 수트

B: How about this one?
하우 어바웉 디스 원

A: May I try it on?
메이 아이 트라이 잍 온

B: Of course.
어브 코스

A: Do you think it will fit me?
두 유 씽크 잍 윌 퓥 미

B: It's very becoming.
이츠 베리 비커밍

2 **A:** I'm looking for a dress.
아임 루킹 풔 어 드레스

B: This dress is quite popular this year.
디스 드레스 이즈 콰잍 파퓰러 디스이어

A: May I try it on?
메이아이 트라이잍온

B: Yes, it will look good on you.
예스 잍 윌 룩 굳 온 유

입어 봐도 좋습니까?

1 A: 양복 한 벌 사려는데요?
   B: 이것은 어떻습니까?
   A: 입어봐도 좋습니까?
   B: 물론입니다.
   A: 나에게 맞습니까?
   B: 아주 좋습니다.

2 A: 드레스 좀 보여주세요.
   B: 이 드레스는 올해 대유행입니다.
   A: 입어 봐도 괜찮죠?
   B: 네, 그것은 잘 어울릴 겁니다.

- **try on** : 옷을 입어보다
- **suit** : 한 벌(의 옷)
- **fit** : 적당한, 적합하다
- **becoming** : 잘 어울리는
- **dress** : 의복, 복장
- **quite** : 아주, 확실히

휴식을 권할 때

Shall we take a rest?
쉘 위 테익어 레스트

1 **A:** You look tired. Shall we take a rest?
유 룩 타이어드. 쉘 위 테익어 레스트

B: Yes, let's.
예스, 레츠.

A: There's a coffee shop near here.
데어즈 어 커피 숍 니어 히어

B: Let's go.
레츠 고우

2 **A:** Are you feeling under the weather?
아 유 필링 언더 더 웨더

B: My head is killing me.
마이 헤드이즈 킬링 미

A: You've been working hard.
유브 빈 워킹 하드

B: Shall we take a rest?
쉘 위 테익 어 레스트

A: That sounds good.
댙 사운즈 굳

좀 쉴까요?

1 **A:** 피로해 보이는군요. 좀 쉴까요?

　B: 예, 그럽시다.

　A: 이 근처에 다방이 있습니다.

　B: 갑시다.

2 **A:** 몸이 불편하세요?

　B: 머리가 깨어지는 것 같군요.

　A: 열심히 일하셔서 그래요.

　B: 쉴까요?

　A: 좋습니다.

- **shall we ~ :** ～할까요?
- **take :** 잡다, 가지고 가다
- **coffee shop :** 다방, 찻집
- **kill :** 죽이다
- **sound :** 들리다
- **tired :** 지친
- **rest :** 휴식
- **head :** 머리
- **hard :** 열심히

✚ take에 관한 숙어

take a walk : 산책하다
take down : 내려 놓다
take care of : ～에 조심하다
take on : 맡다, 고용하다
take part in : ～에 참가하다

치통이 있을 때

I have a toothache.
아이 해브어 투쓰에이크

1 **A:** I have a toothache.
아이 해브어 투쓰에이크

B: When did your toothache start?
웬 딛유어 투쓰에익 스타트

A: The pain started last night.
더 페인 스타티드 래슽 나잍

B: Let me take a look at it.
렡 미 테잌어 룩 앹 잍

A: How bad is it?
하우 밷 이즈 잍

B: You'll need treatment.
유일 니드 트리트먼트

2 **A:** I have a toothache.
아이 해브어 투쓰에이크

B: Let's have a look.
레츠 해브어 룩

A: Can you see anything?
캔 유 씨 에니씽

B: It's a small cavity.
이츠어 스몰 캐비티

이가 아픕니다.

1 **A:** 이가 아픕니다.

 B: 언제 치통이 시작됐죠?

 A: 어제 밤부터 아프기 시작했어요.

 B: 어디 좀 봅시다.

 A: 얼마나 나쁜가요?

 B: 이를 뽑아야 될 것 같아요.

2 **A:** 이가 아픕니다.

 B: 좀 봅시다.

 A: 뭐가 보여요?

 B: 조그만 충치입니다.

- **toothache** : 치통
- **start** : 시작하다
- **pain** : 고통
- **last night** : 지난 밤
- **look** : 보다
- **bad** : 나쁜
- **treatment** : 치료, 처리, 처치
- **anything** : 어떤 것
- **small** : 작은
- **cavity** : 움푹팬 곳(충치구멍)

몸이 불편할 때

I'm feeling under the weather.
아임 필링 언더 더 웨더

1 **A:** Where're you this evening?
웨어러유 디스 이브닝

B: I'm feeling under the weather.
아임필링 언더 더 웨더

A: What're wrong with you?
왈어 롱 위드유

B: I have the flu.
아이 해브더 플루

A: That's too bad.
대츠투 배드

2 **A:** Is Tom here today?
이즈 탐 히어 투데이

B: No, he isn't.
노우 히 이즌트

A: What's the matter?
와츠더 매터

B: He's feeling under the weather.
히즈필링 언더 더 웨더

He has a bad cold.
히 해즈어 뱁 콜드

몸이 불편합니다.

1 A: 오늘 저녁 어떠십니까?
   B: 몸이 불편합니다.
   A: 무슨 나쁜 일이라도 있습니까?
   B: 독감에 걸렸습니다.
   A: 그것 참 안됐군요.

2 A: 탐이 오늘 나왔어요?
   B: 아니, 나오지 않았어요.
   A: 무슨 일이죠?
   B: 그는 몸이 불편합니다. 지독한 감기에 걸렸어요.

- evening : 저녁
- I'm feeling~ : 나는 ~느끼고 있다
- under the weather : 몸이 불편한 상태
- wrong : 나쁜, 잘못된
- flu : 독감
- matter : 문제, 일
- he has : 그는 가지고 있다
- bad cold : 지독한 감기(독감)

감기에 걸렸을 때

Having a cold.
해빙 어 콜드

1 **A:** Are you feeling all right?
아 유 필링 올 라이트

B: Not really. I'm having a cold.
낱 리얼리 아임 해빙 어 콜드

A: I'm so sorry to hear that.
아임 소우 쏘리 투 히어 댇

B: Fortunately no.
포츄네이틀리 노우

2 **A:** Dr. Chang, Jin Su is ill.
닥터 장   진수 이즈일

B: What seems to be the problem?
왇 씸즈 투 비 더 프로블럼

A: He has a high temperature.
히 해즈어 하이 템퍼레이쳐

B: He's probably caught a cold.
히즈프러버블리 코트어 콜드

감기에 걸리다.

1 **A:** 괜찮습니까?

　B: 아니오, 감기에 걸렸습니다.

　A: 참 안됐네요.

　B: 다행히 심하지는 않습니다.

2 **A:** 진수가 아파요.

　B: 어떻습니까?

　A: 열이 높군요.

　B: 감기 걸린 것 같습니다.

- **feel all right** : 괜찮다(몸이나 기분따위)
- **fortunately** : 다행히
- **ill** : 아픈, 병든
- **seem** : ~같이 보이다
- **problem** : 문제
- **temperature** : 열
- **probably** : 아마
- **couple of days** : 이틀

※ **Are you feeling O.K?**는 「기분이 괜찮느냐」라는 뜻으로 **Are you feeling all right?**와 같은 뜻이다.

상대가 아파보일 때

What seems to be the problem?
왙 씸즈 투 비 더 프로블럼

A: May I help you?
메이 아이 헬프 유

B: Yes, I'm not feeling well.
예스 아임 낱 필링 웰

A: What seems to be the problem?
왙 씸즈 투 비 더 프로블럼

B: I have a bad headche.
아이 해브 어 뱁 헤드에이크

　　 Please give me some aspirin?
플리즈 기브미 썸 애스피린

A: Yes, of course.
예스 엎코-스

B: Thank you.
쌩-큐

어디가 아프신가요?

A: 도와드릴까요?

B: 네, 기분이 좋지 않군요.

A: 어디가 아프신가요?

B: 두통이 오는군요. 아스피린 좀 주시겠어요?

A: 네, 물론입니다.

B: 감사합니다.

- **May I help you?** : 무엇을 도와드릴까요?
- **feel** : 느끼다
- **seem** : ~처럼 보이다
- **problem** : 문제
- **headache** : 두통
- **aspirin** : 아스피린

- **May I help you?**는 장소에 따라서 「어서 오십시오」의 의미로도 사용된다.

가족(함께 살고 있는)에 대하여

Who do you live with?
후 두 유 리브 위드

A: Who do you live with?
후 두 유 리브 위드

B: I live with my grand-parents.
아이 리브 위드 마이 그랜드 페어런츠

Who do you live with?
후 두 유 리브 위드

A: I live at home with my parents and sister.
아이 리브 앹 홈 위드 마이 패어런츠 앤드 시스터

Do you miss your family?
두 유 미스 유어 패밀리

B: Of course. I do.
엎코스 아이 두

누구하고 함께 살고 있습니까?

A: 누구와 사시지요?

B: 할머니, 할아버지와 함께 살아요.

당신은 누구와 사시지요?

A: 저는 부모님과 여동생과 집에서 함께 살아요.

가족들이 보고 싶지 않으세요?

B: 물론이지요. 보고 싶어요.

- **grand parents :** 할아버지와 할머니
- **parents :** 부모
- **live with :** ~와 살다
- **live at home :** 집에서 살다, 가족과 살다
- **miss :** 보고 싶어 하다

✚ 가족에 관한 단어

mother : 어머니
father : 아버지
brother : 남자형제
sister : 여자형제
grand mother : 할머니
grand father : 할아버지

부탁을 할 때

May I ask a favor of you?
메이 아이 애슥어 풰이버어브유

1 **A:** May I ask a favor of you?
메이 아이 애슥어 풰이버어브유

B: Of course. What can I do for you?
어브 코스　　왙 캔 아이두 풔 유

A: Can you deliver it to my hotel?
캔 유 딜리버 잍 투 마이 호텔

B: Certainly.
써튼리

2 **A:** Where're you going?
웨어러유 고잉

B: I'm going to the Bank.
아임 고잉 투 더 뱅크

A: Well, may I ask a favor of you?
웰 메이 아이 애슥어 풰이버어브유

B: What can I do for you?
왙 캔 아이 두 풔 유

A: Won't you please mail this letter?
원트유 플리즈 메일 디스 레터

부탁이 있습니다만?

1 **A:** 부탁이 있습니다만?

   B: 예, 무엇을 도와 드릴까요?

   A: 이것을 내 호텔까지 배달해 주시겠어요?

   B: 예, 그러지요.

2 **A:** 어디 갑니까?

   B: 은행에 가려고 합니다.

   A: 좀, 부탁이 있습니다만?

   B: 무슨 용건이십니까?

   A: 이 편지를 부쳐 주시지 않겠어요?

- **favor :** 애호(상대편의 친절에 호소하는)청, 도움
- **for :** ～을 위해서
- **deliver :** 배달하다
- **to :** ～까지
- **certainly :** 확실히, 반드시
- **mail :** 우편(물), 우송하다

✦ for에 관한 숙어

for a while : 잠시동안
for all : ～에도 불구하고
for all that : 그런데도 불구하고
for ever : 영원히

물건을 찾을 때

Where is it?
웨어 이즈 잍

1 **A:** Where's the book?
웨어즈 더 북

B: It's on the TV.
이츠 온 더 티비

A: Where's the magazine?
웨어즈 더 메거진

B: It's under the table.
이츠 언더 더 테이블

A: Where's the wastepaper basket?
웨어즈 더 웨이슽페이퍼 배스키트

B: I don't know.
아이 돈트 노우

2 **A:** Miss Kim, where's my lighter?
미스 킴 웨어즈 마이 라이터

B: Isn't it on the desk?
이즌트 잍 온 더 데스크

A: Oh! Here it is. Thank you, Miss Kim.
오우 히어 잍 이즈 쌩큐   미스 킴

B: You're welcome.
유어 웰컴

어디에 있습니까?

1 **A:** 그 책 어디에 있습니까?

   B: TV위에 있어요.

   A: 잡지는 어디에 있습니까?

   B: 테이블 아래에 있어요.

   A: 휴지통은 어디에 있습니까?

   B: 모르겠어요.

2 **A:** 미스 김, 내 라이터 못봤어요?

   B: 책상 위에 있지 않아요?

   A: 아! 여기 있군요. 고마워요 미스 김.

   B: 천만에요.

- **where is ~ :** ~ 이 어디에 있습니까?
- **magazine :** 잡지
- **basket :** 바구니
- **under :** ~ 아래에
- **know :** 알다
- **table :** 탁자
- **lighter :** 라이터
- **wastepaper :** 휴지
- **desk :** 책상

선물을 건넬 때

I bought this for you.
아이 보우트 디스 풔유

1　**A:** I bought this flowers for you.
아이 보우트 디스 플라워즈 풔 유

B: What lovely flowers!
왙 러브리 플라워즈

　　Thank you very much.
쌩큐 베리 마치

A: I thought you might like them.
아이 쏘트 유 마이트 라익 뎀

B: I'll put them in a vase.
아윌 풑뎀 인 어 베이스

2　**A:** I bought this little radio for you.
아이 보우트 디스 리틀 레이디오 풔 유

B: How nice of you!
하우 나이스 어브 유

A: It's a transistor radio.
이츠 어 트랜지스터 레이디오

B: Isn't it cute?
이즌트 잍 큐트

　　Thank you very much.
쌩큐 베리 마치

당신에게 주려고 샀습니다.

1 **A:** 이 꽃을 당신에게 주려고 샀습니다.

　B: 꽃이 매우 아름답습니다.

　　대단히 감사합니다.

　A: 좋아하실 줄 알았습니다.

　B: 꽃병에 꽂겠습니다.

2 **A:** 이 소형 라디오를 당신에게 주려고 샀습니다.

　B: 고맙습니다.

　A: 그것은 트랜지스타 라디오입니다.

　B: 참 귀엽습니다.

　　대단히 감사합니다.

- **bought** : buy(사다)의 과거형
- **lovely** : 아름다운, 사랑스러운
- **thought** : think(생각하다)의 과거형
- **might** : may(~할 것이다)의 과거형
- **vase** : 꽃병
- **little radio** : 소형 라디오
- **nice** : 친절한, 좋은
- **transistor radio** : 트랜지스터 라디오
- **cute** : 귀여운

되물을 때

Is that so?
이즈 댇 쏘우

1 **A:** I'd like to see Mr. Kim.
아이드 라잌 투 씨 미스터 김

B: I'm sorry.
아임 쏘리

Mr. Kim will be tied up until at 9.
미스터 김 윌 비 타이드 엎 언틸 앹 나인

A: Is that so?
이즈댇쏘우

B: Would you come to see him tomorrow?
우드유 컴 투 씨 힘 트머로우

A: I see.
아이 씨

2 **A:** Are you all right?
아 유 올 라이트

B: I have a bad cold.
아이 해브어 밷 콜드

A: Is that so? That's too bad.
이즈 댇쏘우 대츠 투 배드

B: I'm much better now.
아임 머춰 베터 나우

그렇습니까?

1 **A:** 미스터 김을 볼려고요.

    B: 미안합니다.

       미스터 김은 9시까지 바쁩니다.

    A: 그렇습니까?

    B: 그럼 내일 오시겠습니까?

    A: 알겠습니다.

2 **A:** (어디 아프니?) 괜찮니?

    B: 독감에 걸렸어.

    A: 그러니? 거참 안됐구나.

    B: 지금 많이 나아졌어.

- **until :** ~까지
- **Is that so? :** 그렇습니까? 그러니?
- **better :** 더좋은

✚ so에 관한 숙어

    so as to : ~하기 위하여
    so far : 여태까지, 지금까지
    so long : 안녕
    so long as : ~하는한

직업에 대해서

I'm a bank clerk.
아임 어 뱅크 크럭

A: May I ask what you do?
메이 아이 애슥 왙 유 두

B: I'm a bank clerk.
아임 어 뱅크 크럭

A: Do you work at the counter?
두 유 워크 앹 더 카운터

B: Yes, I do.
예스 아이 두

Ask for me when you come to our bank,
though.
애슥 풔 미 웬 유 컴 투 아워 뱅크 도우

A: Okay, I will.
오케이 아이윌

나는 은행원입니다.

A: 무슨 일을 하시는지 물어봐도 됩니까?

B: 나는 은행원입니다.

A: 창구에 근무 하십니까?

B: 예, 그렇습니다.

   저희 은행에 오시면 저를 찾으세요.

A: 좋습니다. 그렇게 하지요.

- **bank** : 은행
- **clerk** : 점원
- **counter** : 카운터
- **our** : 우리의

✦ 은행에 관한 단어

money : 돈
bill(note) : 계산(청구서)
coin : 동전
check : 수표
traveller's check : 여행자수표
endorsement : 배서, 이서
draft : 어음

수표를 현금으로 바꿀 때

Would you cash this check?
우드유 캐쉬 디스 첵

1 **A:** Could you change these for me, please?
쿠드유 체인지 디즈 풔미 플리즈

B: How do you want them?
하우 두 유 원트 뎀

A: In ten-dollar bills, please.
인 텐 달러 빌즈 플리즈

B: One moment, please.
원 모먼트　플리즈

2 **A:** Would you cash these checks, please?
우드유 캐쉬 디즈 첵스 플리즈

B: Will you endorse?
윌 유 엔도스

A: Yes.
예스

B: One moment, please.
원 모먼트 플리즈

A: Thank you.
쌩큐

현금으로 바꿔 주시겠습니까?

1 **A:** 이것들을 바꿔 주시겠습니까?

B: 어떻게 해 드릴까요?

A: 10달러 지폐로 부탁합니다.

B: 잠깐만 기다리세요.

2 **A:** 이 수표를 현금으로 바꿔 주시겠습니까?

B: 배서를 하셨습니까?

A: 예.

B: 잠깐만 기다리세요.

A: 감사합니다.

- **change** : 바꾸다
- **them** : 그들을
- **bill** : 지폐
- **check** : 수표
- **endorse** : (어음,증권 따위에)이서하다, 보증하다

※ **check**는「수표」의 뜻도 있지만, 「저지하다, 억제하다」라는 뜻으로도 쓰인다.

위치를 물어볼 때

Where is your office?
웨어 이즈 유어 오피스

1 **A:** Where is your house?
웨어 이즈 유어 하우스

B: It's near Namsan.
이츠 니어 남산

A: Do you walk from Seoul Station?
두 유 웍 프럼 서울 스테이션

B: Yes, I do.
예스 아이 두

2 **A:** Where is your office?
웨어 이즈 유어 오피스

B: It's near City hall.
이츠 니어 시티 홀

A: How can I get to your office?
하우 캔 아이 겥 투 유어 오피스

B: I'll draw you a map.
아일 드로우 유 어 맾

A: I see. Thank you.
아이씨 쌩큐

회사의 위치가 어디 있습니까?

1 **A:** 당신의 집은 어디 입니까?

 B: 남산 근처에 있습니다.

 A: 서울역에서 걸어 갑니까?

 B: 예, 그래요.

2 **A:** 회사의 위치가 어디 있습니까?

 B: 시청 근처에 있습니다.

 A: 사무실에 어떻게 찾아가죠?

 B: 지도를 그려 드리죠.

 A: 알았습니다. 고맙습니다.

- **your house :** 당신의 집
- **near :** 근처(에)
- **walk :** 걷다
- **from :** ~에서부터
- **Seoul station :** 서울역
- **city hall :** 시청
- **draw :** 그리다
- **map :** 지도

자신의 현재 위치를 모를 때

Where is here?
웨어 이즈 히어

1 **A:** Are you lost?
아 유 로스트

B: Yes, I'm looking for the Choson Hotel.
예스 아임 루킹 풔더 조선호텔

A: It's down this road.
이츠 다운 디스 로우드

B: Thank you.
쌩큐

2 **A:** Excuse me. Where am I?
익스큐즈 미 웨어 앰 아이

B: You are near Seoul Station.
유아 니어 서울 스테이션

A: Could you direct me to the DaeWoo Building?
쿠드유 디렉트 미 투 더 대우 빌딩

B: It is that building.
잍이즈 댈 빌딩

여기가 어디입니까?

1 **A:** 길을 잃었습니까?

   B: 네, 조선 호텔을 찾는 중입니다.

   A: 이 길로 똑바로 가세요.

   B: 감사합니다.

2 **A:** 여기가 어디입니까?

   B: 서울역 근처입니다.

   A: 대우빌딩이 어디에 있습니까?

   B: 저 빌딩입니다.

- **lost :** lose의 과거, 과거분사 (잃다)
- **hotel :** 호텔
- **down :** 아래, 떨어져
- **road :** 길
- **direct :** 직접의, 똑바른
- **building :** 빌딩, 건물

※ **could**는 **can**(~할 수 있다)의 과거형으로가능.
요청의 뜻으로도 쓰인다.

현재의 상태를 물어볼 때

Are you busy now?
아 유 비지 나우

1 **A:** Is Minho busy?
이즈 민호 비지

B: Yes he is.
예스 히 이즈

A: Are the secretaries busy too?
아 더 씨크레테리어즈 비지 투

B: Yes, they are.
예스 데이 아

They're tied up all day today.
데이어 타이드 엎 올 데이 투데이

2 **A:** Are you busy now?
아 유 비지 나우

B: No. I'm free at the moment.
노우 아임 프리 앹 더 모먼트

A: Is Miss Lee in his office?
이즈 미스 리 인 히즈 오피스

B: Yes, she is.
예스 쉬 이즈

A: Is she free now?
이즈 쉬 프리 나우

B: Yes, she's free.
예스 쉬즈 프리

당신은 지금 바쁘십니까?

1 **A:** 민호는 바쁩니까?

   B: 예, 바쁩니다.

   A: 비서들도 바쁩니까?

   B: 예, 그렇습니다.

      그들은 오늘 몹시 바쁩니다.

2 **A:** 당신은 지금 바쁘십니까?

   B: 아니요, 좀 한가합니다.

   A: 미스 리는 사무실에 있습니까?

   B: 예, 그렇습니다.

   A: 그녀는 지금 한가합니까?

   B: 예, 그렇습니다.

- **secretary** : 비서, 서기(관)
- **too** : 역시
- **at the moment** : 잠시
- **tied up** : (일에) 구속되다
- **all day** : 하루 종일
- **office** : 사무실
- **busy** : 바쁜
- **free** : 한가한

궁금한 것을 물어볼 때

I'd like to ask you something.
아이드 라잌투 애스크유 썸씽

1 **A:** I'd like to ask you something.
아이드 라잌투 애스크유 썸씽

B: Yes, what is it?
예스 왙이즈잍

A: Is the word "arbeit" used in English?
이즈 더 워드 아버트 유스트 인 잉글리쉬

B: No, we call it a "part-time job".
노우 위 콜 잍어 파트 타임 잡

2 **A:** I'd like to ask you something.
아이드 라잌투애스크유 썸씽

B: Certainly.
써튼리

A: How many do you work a week?
하우 메니 두 유 워크 어 윜

B: Five days. How about you?
퐈이브 데이즈　하우 어바웉유

A: I work six days a week.
아이 웤 씩스 데이즈 어 윜

당신에게 좀 물어보고 싶습니다.

1 **A:** 당신에게 좀 물어보고 싶습니다.

   B: 예, 무엇입니까?

   A: '아르바이트'란 단어가 영어에서 사용됩니까?

   B: 아니요, 우리는 그것을 '파트타임 잡'이라 부릅니다.

2 **A:** 당신에게 좀 물어보고 싶습니다.

   B: 좋아요.

   A: 일주일에 며칠이나 근무하십니까?

   B: 5일제 근무입니다. 당신은 어떠세요?

   A: 일주일에 6일 근무합니다.

- **ask** : 묻다
- **word** : 낱말
- **arbeit** : 아르바이트
- **part time job** : 시간제 일
- **work** : 일하다

상대의 말을 잘못 들었을 때

Pardon me?
파든 미

1 **A:** How much do you weight?
하우 머치 두 유 웨잍

B: Pardon me?
파든 미

Will you please say it again?
윌유 플리즈 세이잍 어게인

A: How much do you weight?
하우머치 두 유 웨잍

B: I weight about a hundred pound.
아이웨잍 어바웉어헌드레드 파운드

2 **A:** I'm sorry. I beg your pardon?
아임 쏘리 아이벡유어 파-든

B: Did I speak too fast?
딛아이스픽 투 패스트

A: Yes, you did.
예스 유 딛

B: All right. I'll repeat it.
올 라잍 아일 리피트잍

I said, "Do you need any help?"
아이 쎋 두유 니드 에니 헬프

뭐라고 하셨지요?

1 **A:** 체중이 얼마나 나가십니까?

 B: 뭐라고 하셨지요?

 다시 한 번 말씀해 주십시오.

 A: 체중이 얼마나 나가십니까?

 B: 100파운드 정도 됩니다.

2 **A:** 미안합니다. 다시 한 번 말씀해 주시겠습니까?

 B: 너무 빠르게 말했습니까?

 A: 네, 그렇습니다.

 B: 좋습니다. 다시 말씀 드리죠.

 (저의) 도움이 필요하냐고 물었습니다.

- **pardon** : 용서, 사면, 죄송합니다.(사과할 때)
  실례합니다.(말을 걸때, 자기주장을 할 때)
  뭐라고요?(되물을 때)
- **please** : 부디, 정중한 표현에 사용
- **again** : 다시
- **hundred** : 백
- **beg** : 간청하다
- **too** : 너무
- **fast** : 빠른
- **weight** : 체중
- **repeat** : 반복하다
- **said** : say의 과거형
- **need** : 필요로 하다
- **help** : 도움, 돕다

체중조절에 대하여

Going on a diet.
고잉 온 어 다이어트

1 **A:** I am on a diet.
아이앰 온어 다이어트

B: Why?
와이

A: I'll have to lose some weight.
아윌 해브투 루즈 썸웨이트

I've become too fat.
아이브 비컴 투 팻

B: Nonsense. You are just right.
넌센스   유 어 져스트 라잍

A: No, I am overweight.
노우 아이앰 오버웨이트

2 **A:** Congratulate me. I've finally lost some
weight.
컹그래춰레이트미 아이브 파이널리 로스트 썸웨이트

The diet works.
더 다이어트 웍스

B: You don't look any different.
유 돈트룩 에니 디퍼런트

How much have you lost?
하우 머치 해브유 로스트

A: One pound, but it's a start.
원 파운드 벝이츠어 스타트

식이요법을 시작하다.

1 **A:** 나는 지금 식이요법 중입니다.

  B: 왜요?

  A: 나는 체중을 줄여야 되요. 너무 살이 쪘어요.

  B: 천만에, 지금이 가장 좋아요.

  A: 아뇨, 너무 뚱뚱해요.

2 **A:** 축하해 주세요. 마침내 몸무게를 줄였습니다.
     식이요법이 효과가 있습니다.

  B: 조금도(몸이) 달라 보이지 않습니다. 얼마나 빠졌어요?

  A: 한 파운드 뺐어요. 그러나 시작입니다.

- **diet** : 식이요법
- **nonsense** : 무의미한 (천만에)
- **overweight** : 중량초과(의)
- **just right** : 마침 적당한
- **congratulate** : 축하하다
- **some** : 약간(의)
- **weight** : 무게
- **start** : 시작하다

미용실에서

How do you want it?
하우 두 유 원트 잍

1 **A:** How do you want it?
하우 두 유 원트 잍

B: Cut it short all over.
컽잍 쇼트 올 오버

A: Do you want a shampoo?
두 유 원트어 샴푸

B: No. I don't think so, thanks.
노우 아이 돈트 씽크 소 쌩스

2 **A:** How do you want it?
하우 두 유 원트 잍

B: Just a trim, please.
저슽어 트림 플리즈

A: You need to dye your hair if I may suggest.
유 니드 투 다이 유어 헤어 이프아이 메이 써제스트

B: I will do over the weekend.
아이 윌 두 오버 더 위켄드

어떻게 해 드릴까요?

1 **A:** 어떻게 해 드릴까요?

   B: 전체적으로 짧게 잘라 주세요.

   A: 샴푸도 해 드릴까요?

   B: 아니오, 됐어요. 고마워요.

2 **A:** 어떻게 해 드릴까요?

   B: 다듬어만 주세요.

   A: 제 생각으로는 머리를 염색하셔야겠어요.

   B: 주말에 하지요.

- **cut :** 자르다
- **short :** 짧은
- **over :** 위에, ~위의
- **shampoo :** 샴푸
- **I don't :** 나는 ~하지 않는다
- **so :** 그렇게
- **just :** 꼭, 조금
- **trim :** 가지런한, 손질하다
- **hair :** 머리카락
- **if :** 만약 ~이라면
- **weekend :** 주말
- **dye :** 염색

방학에 대하여

I have summer vacation today.
아이 해브 썸머 버케이션 투데이

1 **A:** I'll have summer vacation very soon.
아윌 해브 썸머 버케이션 베리 순

B: When does it start?
웬 더즈 잍 스타트

A: It starts next week.
잍 스타츠 넥스트위크

B: How long is it?
하우 롱 이즈잍

A: Four weeks.
포– 웍스

2 **A:** I have summer vacation today.
아이 해브 섬머 버케이션 투데이

B: What are you planning to do?
왙아 유 플래닝 투두

A: I want to visit Uncle's farm.
아이 원트투 비지트 엉클스 팜

B: That's a good idea.
대츠어 굳 아이디어

오늘 여름방학을 했어요.

1 **A:** 곧 방학이 되요.

  B: 언제 시작되지?

  A: 다음 주에 시작되어요.

  B: 얼마나 되지?

  A: 4주간 이예요.

2 **A:** 오늘 여름방학 했어요.

  B: 무엇을 할 계획이니?

  A: 숙부님 농장을 방문하고 싶어요.

  B: 그것 참 좋은 생각이다.

- **vacation :** 방학, 휴가
- **next week :** 다음주
- **plan :** 계획하다
- **want :** 원하다
- **farm :** 농장

고장이 났을 때

Out of order.
아울어브오더

1 **A:** Bill's TV repair shop.
빌즈 티비 리페어 숍

B: My TV set is out of order.
마이 티비셑이즈 아울어브오더

A: What make is it?
왈 메잌이즈 잍

B: We have no picture at all.
위 해브 노우 픽쳐 앹올

A: I see. May I have your address?
아이씨 메이 아이 해브유어 어드레스

2 **A:** Can you give me a hand?
캔 유 기브 미 어 핸드

B: What's the matter?
와츠 더 매터

A: The dishwasher is out of order.
더 디쉬워셔 이즈 아울어브 오더

B: Is that right? I'll take care of that.
이즈 댙라잍 아윌 테잌 케어어브댙

고장났습니다.

1 **A:** 빌의 TV 수리점입니다.

 B: 우리집 TV가 고장났습니다.

 A: 어떻게 고장났습니까?

 B: 전혀 화면이 나오지 않습니다.

 A: 그럼 주소를 알려 주시겠습니까?

2 **A:** 좀 도와주시겠습니까?

 B: 무슨 일이죠?

 A: 그릇 닦는 기계가 고장입니다.

 B: 그래요? 제가 고쳐 드리죠.

- **Bill's :** 빌의
- **repair shop :** 수리점
- **out of order :** 고장난
- **picture :** 그림
- **at all :** 전혀
- **address :** 주소
- **give :** 주다
- **hand :** 손
- **dishwasher :** 접시 닦는 기계

✚ address

주소라는 뜻 이외에(편지 따위의) 겉봉을 쓰다(~에게)부치다, 연설하다 ~에게 말을 걸다」라는 뜻도 있다.

돈이 없을 때

I'm broke.
아임 브로우크

1 **A:** May I borrow some money?
메이 아이 바로우 썸 머니

B: Sorry. I'm broke, too.
쏘리 아임 브로우크 투

A: My parents stopped sending my allowance.
마이 페어런츠 스탑트 센딩 마이 얼라운스

And I can't make ends meet.
앤드 아이 캔트 매익 엔즈 밑

B: That's too bad.
대츠 투 배드

2 **A:** Why don't you buy a color T.V.?
와이 돈트유 바이 어 컬러 티비

B: I can not buy it now.
아이 캔 낱 바이 잍 나우

A: Why not?
와이 낱

B: I'd like to buy it, but I'm broke.
아이드 라잌 투 바이 잍 벝 아임 브로우커

나는 빈털터리야.

1 **A:** 돈 좀 빌려 주겠니?

   B: 미안하네, 나 역시 빈털터리야.

   A: 나의 집에서 생활비 송금을 중단했어. 그래서 주머니 사정이 좋지 않아.

   B: 그것 참 안됐군.

2 **A:** 왜 컬러 TV를 사지 않니?

   B: 지금 살 수 없어.

   A: 왜?

   B: 그것을 사고 싶지만, 나는 빈털터리야.

- **borrow :** 빌리다
- **money :** 돈
- **broke :** 무일푼으로, 파산하여
- **parents :** 양친, 부모
- **send :** 보내다
- **allowance :** 수당, 지급액
- **color :** 색깔
- **buy :** 사다

주유소에서

Fill it up, please.
필잇 엎 플리즈

1 **A:** Fill it up with unleaded gas.
필잇엎 위드 언레디드 개스

B: Should I check your radiator?
슈드아이 첵유어 래디에이터

A: No, that's OK. How much is it?
노우 대츠 오케이   하우 머치 이즈잍

B: Ten dollars.
텐 달러즈

2 **A:** Fill it up with premium.
필잇엎 위드 프리미엄

B: All right.
올 라잍

A: Will you check the battery?
윌유 첵 더 배터리

B: Sure.
슈어

가득 채워주세요.

1 **A:** 무연휘발유로 가득 채워주세요.

   B: 라디에이터도 봐 드릴까요?

   A: 아니오, 괜찮습니다. 얼마지요?

   B: 10달러 입니다.

2 **A:** 프레미엄으로 채워주세요.

   B: 알았습니다.

   A: 배터리도 좀 봐줄래요?

   B: 그러죠.

- **fill with :** ～로 채우다
- **fill up :** 채우다, 메우다
- **check :** 검사하다
- **radiator :** (자동차의)냉각기,라디에이터
- **battery :** 바테리, 전지

담배를 피우려고 할 때

May I smoke here?
메이 아이 스모크 히어

1 **A:** May I sit here?
메이 아이 씥 히어

B: Yes, you may.
예스 유 메이

A: May I smoke here?
메이 아이 스모크 히어

B: Go right ahead.
고우 라일 어헤드

2 **A:** Have a smoke?
해브어 스모크

B: No, I don't smoke.
노우 아이돈트 스모크

A: I'm going to get some cola.
아임 고잉 투 겥 썸 콜라

Can I get a bottle for you, too?
캔 아이 겥어 바틀 풔 유 투-

B: No. thank you.
노우 쌩-큐

담배 피워도 됩니까?

1 **A:** 여기 앉아도 됩니까?

　B: 예, 그러세요.

　A: 여기서 담배 피워도 됩니까?

　B: 피우세요.

2 **A:** 담배 피우겠어요?

　B: 아니오, 저는 담배를 피우지 않아요.

　A: 저는 콜라를 사려고 합니다.

　　당신에게도 한병 사다 드릴까요?

　B: 고맙지만, 사양하겠습니다.

- **smoke** : 연기, 담배를 피우다
- **sit** : 앉다
- **ahead** : 앞으로, 전방에
- **cola** : 콜라
- **bottle** : 병

활용하기 좋은
일상 영어 회화

초판 1쇄 발행 2023년 8월 30일
지은이 이동만
펴낸이 배태수 ___펴낸곳 신라출판사
등록 1975년 5월 23일
전화 032)341-1289 ___팩스 02)6935-1285
주소 경기도 부천시 소사구 범안로 95번길 32
북디자인 디자인 디도

ISBN 978-89-7244-161-8 13740
＊잘못된 책은 구입한 곳에서 바꾸어 드립니다.